鴻上尚史の
ほがらか人生相談ベスト

鴻 上 尚 史

本書は小社より刊行された『鴻上尚史のほがらか人生相談　息苦しい「世間」を楽に生きる処方箋』（2019年9月）、『鴻上尚史のもっとほがらか人生相談』（2020年5月）、『鴻上尚史のますますほがらか人生相談』（2021年4月）から30編をセレクトして文庫化しました。

目次

はじめに

この本は、『鴻上尚史のほがらか人生相談　息苦しい「世間」を楽に生きる処方箋』（タイトル長い！）と、以下簡略に『もっとほがらか人生相談』『ますますほがらか人生相談』の三冊に載せられた人生相談から、ベストという形での相談30編を選んだものです。

エッセーとか短編のベスト版だと、作家や編集者が楽しい気分で選ぶことができるでしょう。ですが、人生相談ですから、ひとつひとつに、相談者の人生が凝縮《ぎょうしゅく》しています。

それも、『ほがらか人生相談』と名乗っているのに、「ほがらか」なものはないと言っていいでしょう。「リンスとコンディショナーの違いが分かりません。教えて下さい」とか「塩むすびと具を入れ忘れたおむすびは、何が違うんでしよう」とか「どうして靴下は片方だけなくなるのでしょうか」なんていう「ほがらか」な相談はありません。

ですから、軽々しくベスト版を選べないというのが、正直な本音です。

ただし、基準はあります。

なるべく重複した相談を外すこと。多くの人に当てはまる普遍的な悩みであること。少数の悩みでも早急な対応が必要なもの。僕および担当編集者がどうしても伝えたい回答。

そんな基準で、担当編集者の内山さんが選んでくれました。

なおかつ、このベスト版では、相談者の「その後」も紹介しています。

ひとつは、回答が当時連載されていた雑誌やネットで発表された後、お返事を下さった人の文章です。これは、正直にいえば、そんなに多くないです。

もうひとつは、このベスト版にあわせて、内山さんがそれぞれの相談者に「その後」を問いかけました。なんと、9人の人から返事がきました。ありがたいことです。掲載を許可していただいて、連載時にいただいた四つの感想とともに文章を載せました。

これは、僕にとってとても興味深いものでした。僕の回答をどのように受け止め、どのようにやろうとしたか、またはやらなかったかがよく分かりました。もちろん、読者にとっても、なんらかの参考になると思います。「人生相談」の魅力はなにかといえば、人生のリアルを切り取った短編小説だといえるかもしれません。ここには掛け値なしの真実があります。

回答で大切にしていることは初めから変わっていません。「気持ちを変えて」とか「頑張れ」とか「死ぬ気になってやれ」なんていう精神論でも根性論でも理想論でもなく、具体的で実行可能な、だけど小さなアドバイスをすること。

いろんなパターンの相談をベスト版として集めましたから、どれかの相談が、あなたの人生に触れ、参考や支えになればいいなと願っています。

相談と回答のひとつでも、あなたの人生を豊かにすることになれば、とても嬉《うれ》しく思います。

鴻上尚史の ほがらか 人生相談 ベスト

相談1

個性的な服を着た帰国子女の娘がいじめられそうです。普通の洋服を買うべきですか？

38歳・女性　フォトグラファー

小学校5年の娘がいる母親です。夫も私も写真家で、半年前までの6年間、家族はアメリカに在住していました。娘はおしゃれな夫の影響を受けて洋服に興味があり、ビビッドなカラーのものを好んで着ていましたし、ダンスが好きでその衣装《いしょう》も自分で作ったりするほどおしゃれ好きで活発な女の子でした。

日本に戻るとき、もしかしたらと夫と不安に思っていたのですが、案《あん》の定《じょう》、でした。

日本の学校に通うようになって、1カ月半くらいして、悲壮感《ひそうかん》いっぱいの顔で娘が「服を買い替えたい」と訴《うった》えてきたのです。どうやら教室の中心にいるような女の子から「服が派手《はで》すぎない？　誰もそんな色着ないよ」と言われたのをきっかけに、クラスの目が冷たくなっていったようです。最初は「かわいい服だね」と羨《うらや》ましがられていたはずなのに、突然、浮いた存在になってしまったのです。

話を聞いた夫は怒った口調で、「人目《ひとめ》なんて気にせずにおまえらしく好きな服を着ていけばいい。同調してつまらない人間になるな」と言いますが、現実を考えれば娘にとって、酷《こく》な言葉ではないでしょうか。私だって、いままでどおり娘に自由に好きな服を着てほしいと思いますが、クラスでいじめにでもあったらと気が気ではありません。

新しい（よくある）服を買ってクラスに馴染《なじ》むようにするのが娘のためなのか、これまで通りの自分をつらぬいて強い気持ちをもつよう諭《さと》すのがためなのか、とても迷っています。鴻上さんのご意見をお聞かせください。

来ましたね。ある意味、僕が『ほがらか人生相談』を始めた理由の質問がいきなり来ました。じつは、こういう質問に答えるために、僕はこ

の連載を始めたいと思ったのです。

いきなり、身もフタもなく言えば、「みんなが同じになろう」という「同調圧力」は、日本の宿痾《しゅくあ》です。「宿痾」おどろおどろしい漢字ですね。広辞苑《こうじえん》さんによれば「ながい間なおらない病気」です。

もう少し正確に言うと、「同調圧力の強さ」と「自尊《じそん》意識の低さ」が「宿痾」です。

「自尊意識」とは、自分を大切にし、自分をバカだと思わず、自分が生きていていいのかと疑問に思わず、自分の発言に自信がなくて言いたいことが言えないなんてことがない、自分はかけがえのない自分であるという意識です。

で、この二つがいきなり日本人は世界水準で強くて低いです。そうすると、どういうことが起こるかというと——。

『不死身の特攻兵〜軍神はなぜ上官に反抗したか』（講談社現代新書）という本を書いたのですが、その中でこんなエピソードを紹介しました。

1945年8月2日、奥日光に疎開《そかい》していた明仁《あきひと》皇太子が戦況《せんきょう》の見通しを説明にきた陸軍中将《ちゅうじょう》に対して「なぜ、日本は特攻隊戦法をとらなければならないの」と質問しました。

この時、有末精三《ありすえせいぞう》中将はこう答えました。

「特攻戦法というのは、日本人の性質によくかなっているものであり、また、物量を誇る敵に対しては、もっとも効果的な攻撃方法なのです」

後半は結果的には誤解ですが、ここではスルーします。問題は前半です。

「特攻戦法というのは、日本人の性質によくかなっている」──さらっと言っていますが、ものすごく恐ろしい言葉です。いったい、「必ず死ぬ」「培《つちか》った飛行技術を否定する」「組織決定として死ぬことを命令する」という作戦が相応《ふさわ》しい国民とはどういう国民なんでしょう。

結果としての自己犠牲はありますよ。ハリウッド映画なんかで、最終的に体当たりして隕石《いんせき》を爆破するなんて描写があります。思わず泣いてしまいますが、それは個人が最終的にやむにやまれずやることです。

けれど、日本軍の特攻は、近代軍隊が組織命令として死ぬことを要求したのです。

世界中の近代軍隊で「死ぬ命令」を組織として出した例は日本軍以外ありま

せん。

誤解を恐れず言えば、「同調圧力が強く」「自尊意識が低い」からこそ、特攻という作戦は成立したのです。

悲劇的なのは、初期の特攻に選ばれたパイロットは、みんな、ベテランだったことです。みんな、高い自尊意識を持っていました。

殉職者《じゅんしょくしゃ》まで出る激しい訓練をくり返す彼らに、「急降下爆撃」ではなく、体当たりしろという命令は、彼らのプライドを激しく傷つけました。

海軍の1回目の特攻隊の隊長は、新聞記者と二人っきりになった時に「日本もお終《しま》いだよ。ぼくのような優秀なパイロットを殺すなんて」と語ります。

けれど、同調圧力の強い日本で、軍隊という一番同調圧力の強い組織の命令に従《したが》い、体当たりしました。

陸軍の1回目の特攻兵のあるパイロットは、9回出撃して9回帰ってきます。帰るたびに、「次は必ず死んでこい!」「(空母《くうぼ》や戦艦《せんかん》じゃなくて)どんな船でもいいから体当たりしろ!」とののしられましたが生還しました。

21歳の佐々木友次伍長《ささきともじごちょう》でした。

僕は、92歳まで生きた佐々木さんに会ってインタビューしたのですが、それはまた別の話。

さて、フォトグラファーさん。なぜ、僕がこんな話をえんえんとしたかというと、娘さんが直面し、苦しんでいるのは、「日本そのもの」だということなのです。

それも、軍隊がなくなった日本で、学校という一番同調圧力が強い組織で苦しんでいるということなのです。

70年以上前の特攻の例を出しましたが、日本はまるで変わっていません。

2018年の日大アメフト部の事件の時、監督は「学生が勝手にやった」と言い、学生は「命令だった」とコメントしました。その後、命令じゃなかったのかと監督が責《せ》められたら、どうも学生と監督の間に「乖離《かいり》があった」と言いました。これなんか、特攻が「志願」だったか「命令」だったかで戦後になって言い分が真っ向から違っていた事実と瓜《うり》二つです。僕は目眩《めまい》しながら笑ってしまいました。

フォトグラファーである旦那《だんな》さんが「人目なんて気にせずにおまえらしく好

きな服を着ていけばいい。同調してつまらない人間になるな」と言う気持ちもよく分かります。フォトグラファーという職業は、教師やサラリーマンに比べて、はるかに同調圧力が低いのです。

数年前、自殺した広告代理店勤務の女性に対して、「それぐらいの残業で過《か》労死《ろうし》するのは情けない」なんていう内容をネットにコメントして炎上した大学教授がいました。広告代理店の若手女性社員と大学教授では、受ける同調圧力が桁《けた》違いなのです。

サラリーマンへの同調圧力は、服装はもちろんですが、同じ時間を過ごすことを求めます。仕事が終わっても、上司がいるから帰れないのは、会社という組織が同じ時間、空間を共有することを求めるからです。

それに比べて、大学教授やフォトグラファーは、自分で決める時間、予定、服装の幅が大きいのです。もし、父親が銀行員とか教師なら、すぐに、日本の同調圧力の怖さを知って、娘さんに「しょうがないね」とアドバイスするでしょう。

いいえ、僕もそうしたらと言うのではありません。

僕がえんえんと語っているのは、まず「敵を知る」ことが大切だからです。自分が何と戦っているのかを知ることは一番重要なことです。

僕は「同調圧力の強さ」が大嫌いでずっと問題にしてきました。演劇の作品にもしたし、エッセーにも書いたし、小説にもしました。

劇団を35年ぐらいやっていますが「どうしたら『同調圧力』を低く抑えられるか」という試行錯誤《しこうさくご》を毎日しています。

それでも、「なぜ日本はこんなに『同調圧力』が強く、『自尊意識』が低いのか」は完全には解明できません。僕は今も考え続けています。

ただ、どんなふうに「同調圧力」が強く、どんなふうに「自尊意識」が低いのかはずいぶん分かってきました。

つまり、敵の様子が分かってきたので、戦い方を考え出せるようになりました。依然《いぜん》として、なぜこんな敵が生まれ、こんなにも凶暴なのか（なんか、ファンタジー物語の悪魔誕生の由来《ゆらい》みたいですが）はよく分かりませんが、戦い方は分かってきたのです。

言わずもがなですが、「同調圧力の強さ」がプラスに出ることだってあります。

東日本大震災の後、略奪《りゃくだつ》も起こらず、コンビニの商品が整然と並び、道路が一週間で復活して世界から奇跡だと讃《たた》えられるのは、私達日本人が簡単にひとつになれるからです。ですから、問題は、「同調圧力」ではなく、その強さと理《り》不尽《ふじん》さなのです。

さて、僕のアドバイスは、まず娘さんに、娘さんに分かる言葉で、「この国のかたち」を伝えることです。

アメリカにも「同調圧力」はある。でも、それは日本ほど強くはない。だいいち、みんな「自尊意識」を持つように教育されている。アメリカの教育の目的は、健全な「自尊意識」を子供に持たせることで、これが「同調圧力」と戦う動機と理由とエネルギーになる。

一方、日本では、「自尊意識」にたいする教育はほとんどなく、道徳の時間を含めて、「同調圧力」に敏感になることは繰《く》り返し教えられる。

だから、今、お前は日本と向き合っているんだよと伝えます。

娘さんは「でも、みんなそんなふうに思ってないよ」と言うかもしれません。

娘さんは自尊意識を大切にしようとするアメリカに住んだからこそ、日本の無条件の同調圧力に苦しめられているのです。高い自尊意識を持つ経験を知らない人が、理解できなくてもしょうがないと伝えましょう。

僕がイギリスの演劇学校に留学している時、クラスメイトに寿司が大好きな奴《やつ》がいました。彼はいつもスーパーの寿司を買って、昼休み、うまそうに食べていました。

一度、僕のお気に入りの寿司屋に行こうと誘われました。そこは、日本人ではない人達が経営する「なんちゃって寿司屋」でした。彼、オーリーという名ですが、オーリーは「うまい、うまい」とそれは幸福そうに食べました。でも、僕の目の前にあったのは、寿司ではなく「寿司になろうとしている何物か」と「寿司とは違う方向に走り出している食物」でした。

でも、オーリーは本当の寿司を知らないのですからしょうがないのです。この時、「これは寿司ではない!」とオーリーに叫《さけ》んでも、オーリーはきょとんとするだけです。そして、もっと本気で叫んだら、間違いなく怒りだすでしょう。「僕の寿司を否定するのか!」と。

娘さんがカラフルな服を着て、おしゃれを楽しむ時、「だって、着たい服を着るのは当然でしょ！」と叫んでも、そんなことを経験したことのない人達が理解するのは不可能なのです。

娘さんは、僕と同じで、美味《おい》しい寿司を知っている。でも、クラスメイトはなんちゃっての寿司しか知らない。そういう人に、「それはおしゃれじゃないの！　これはお寿司じゃないの！」と叫んでも、悲しいですが無駄《むだ》なのです。で、娘さんに「この国のかたち」を伝えた後は、娘さんと一緒《いっしょ》に考えます。

敵は「日本」ですから、大ボス中の大ボスです。正面から切り込んだら、ほぼ間違いなく負けると思います。

対抗する手段は二つ。

ひとつはフィールドを変える。つまり、比較的同調圧力の少ない組織に移動するのです。アメリカンスクールとか自由な校風が自慢の私立、帰国子女や外国人生徒が多い学校などです。

それが金銭や地理の関係で現実的に無理だという場合は、戦略的に戦う道を選びます。

学校には、同調圧力にあわせて地味《じみ》な服で登校します。その代わり、親しい友達とのお出かけや放課後は自分の着たいおしゃれな服を選ぶのです。この原稿を読んだU担当編集者は「塾もいいんじゃないですか？」とアドバイスをくれました。自由な雰囲気の塾なら、それも素敵です。

クラスや学校という無記名な「日本」では、勝つ見込みはなかなかありませんが、親しい友達の間では「おしゃれ！」と受け入れられる可能性はあります。さらに「そんな格好《かっこう》してみたいな」と思ってもらえれば、同志が増えます。

または、学校用に選んだ地味な服に、ワンポイント、おしゃれをするという一段上の方法もあります。大ボスが怒らないぎりぎりの範囲で戦略的におしゃれを戦うのです。

大切なのは、学校に地味な格好をして行く時「負けた」とか「悔《くや》しい」とか「本当はこんな格好をしたくない」とかネガティブな思いにならないことです。それは、生き延びるために選んだ戦い方のひとつだと、娘さんと話すのです。

繰り返しますが、美味しい寿司を食べたことのない人が、自発的に「おお、自分の食べている寿司はニセモノだ！　こんなものは捨てよう！」なんて思うことはありません。そう思うようになるのは、本当に美味しい寿司を食べたいだけ食べた時です。

おしゃれな娘さんは、「着たい服を自由に着る」という喜びを味わってきた。つまり、さきに美味しい寿司をたくさん食べたのです。それはとても素晴《すば》らしいことです。

娘さんの将来がとても楽しみです。

が、周りに本物の寿司を食べたことのない人達だけが集まりました。そして、ちらっと娘さんの姿を見て「うらやましい」と思いました。本物の寿司を食べている人を見て「美味しそう」と思ったのと同じですね。

でも、自分は本物の寿司を食べられないから、悔しいと思います。憎《にく》い。許せないとなります。わりと普通の思考です。

娘さんは美味しい寿司を食べた。その素晴らしい経験と喜びをねじ伏《ふ》せることはないのです。学校ではない自分の時間に、おしゃれを存分に楽しみながら（または学校でもワンポイントで戦略的におしゃれを楽しみながら）、この国とうまくつきあうのです。やがて、フォトグラファーのお父さんのように、自分の意見を持ってちゃんと戦える時期も来るでしょう。
時々、娘さんと美味しい寿司を食べながら、戦いの状況を見守ってあげて下さい。
小さな戦いが、やがて大ボスを変える日が来ると僕は信じています。

相談2

専業主婦の妻が、突然働きたいと言いだしました。突然の方向転換はルール違反じゃないでしょうか？

41歳・男性 きーやん

結婚して十数年、妻と小学5年生と6年生の2人の息子がいる4人家族の父親です。

結婚前から妻は子どもを産んだら家庭に専念したいという希望で、私も仕事が金融の営業職で超忙しく、お互いの家族観が一致《いっち》して一緒《いっしょ》になり、今までそれなりに過ごしてきました。しかし最近になって、子どもが中学にあがったら（2年後）、今のパート先（食品会社）で正社員の試験を受けたいと言いだしたのです。そう会社で勧《すす》められたと言うのです。そのうえ、そうなったら家事も少し分担してほしいと。

はっきり言って「冗談じゃない」と思いました。結婚前、子どもが生まれたら妻は家庭に入るということで、お互いに納得して結婚したのです。家庭に支障《ししょう》をきたさないパートならと今まで許していただけです。

さらに頭にきたのは「これから子どもの教育にももっとお金がかかるし不安だから」と。結婚してはじめて妻を「今さらふざけたこと言うんじゃない」と怒鳴ってしまいました。

同僚などに相談しても「一回働かせてみれば、世の中の厳しさがわかるよ」とか「家事をすべてやるっていう条件なら、お金が入るからいいじゃん」などと言いますが、絶対に家事がおろそかになるに決まっています。被害にあうのは息子たちで、息子たちにも聞いてみたら「お母さんが働くのはやだ」と言っています。最初からお互いフルタイムで働くという前提《ぜんてい》で結婚した夫婦はそれでいいでしょうが、結婚して十数年も経《た》って突然、自分の生きがいのために方向転換を家族に強要するなんて、妻のルール違反ではないでしょうか。

きーやんさん。相談、ありがとうございます。いや、きーやんさん、というのはなんか変なので、きーやん。（と書くと、なんか居酒屋で話

してるみたいな雰囲気になるね、きーやん）

僕がきーやんの相談を読んで浮かんだのは「熟年離婚」という単語です。驚きましたか？　まだまだ先のことですが、このまま、きーやんが奥さんの要求をはねつければ、やがてそこに行き着くんじゃないかと僕は思っています。

奥さんの気持ちはわりとシンプルでしょう。

結婚する時は、夫婦生活と子育てに生きがいを見いだせると思っていた。そして、きーやんが働き、子供が小さい時は、「生きがい」としての主婦生活をおくれた。でも、恋愛の熱病がさめ、子供が成長し、「自分が絶対に必要」というスタンスではなくなった。

奥さんが聡明《そうめい》な人なら、子供の成長を自分の生きがいにしてはいけないと考えるでしょう。小学生のうちはまだいいけれど、2年後、中学生になったら適度な距離を取るべきだと考えるはずです。いつまでもベタベタしてくる母親を、中学生にもなるとうっとーしいと男の子は感じますからね。きーやんもそうじゃなかったですか？

で、奥さんは自分の生きがいのために、正社員の道を選ぼうとしているんだと、僕は思います。

「これから子どもの教育にももっとお金がかかるし不安だから」という奥さんの理由は、一番の理由ではないでしょう。それは、二番目の理由で、でも、きーやんを説得するためには、この理由がいいんだと考えたんだと思います。

だって、「自分の生きがいのために働きに出たい」と言ってしまうと「家庭は生きがいじゃないのか！」「子供たちは生きがいじゃないのか！」ときーやんに怒られると考えたのでしょう。

気になるのは、きーやんの同僚の発言です。「一回働かせてみれば、世の中の厳しさがわかるよ」とか「家事をすべてやるっていう条件なら、お金が入るからいいじゃん」というのは、誰も妻側に歩み寄ってはいない言葉です。

きーやんの周りは、みんな「女は黙ってついてこい。家庭にいればいいんだ」という考え方の人達だけなんでしょうか？　もしくは、「奥さん、人生の目標が欲しいんじゃないですか？」とアドバイスをする後輩はいたけれど無視したのでしょうか？

どちらにせよ、奥さんの悩みに対して、鈍感《どんかん》すぎるか注意を払わなくていいと思っている男達に囲まれているのだとしたら、僕はとても心配です。やはり、ゆっくりと「熟年離婚」に向かっていると感じるのです。

そして、子供さんには奥さんのことを優しく聞きましたか？　まさか、「母さんが外で働くのは嫌だよな」と無意識に強い口調になりませんでしたか？　それなら、小学5・6年生の子供達は間違いなく、「お母さんが働くのはやだ」と答えるでしょう。まして息子二人ですからね。これが娘だったら、母親に歩み寄る発言があったかもしれません。

でね、きーやん。生ビールをお代わりしながら聞いてくれる？　きーやんは、じつは奥さんが働きたい理由がお金じゃないってことを知ってるんですよね。だって、「結婚して十数年も経って突然、自分の生きがいのために方向転換を家族に強要するなんて」と、ちゃんとお金じゃなくて、「生きがい」を選ぼうとしてるんだ、と分かってるんですよね。

で、それを「妻のルール違反ではないでしょうか」と言うんですよね。

もちろん、それは「ルール違反」です。でね、きーやん。

問題は、あなたが「ルール違反」を認めるか認めないかなのですよ。人生には「ルール違反」はつきものだと思うか、「ルール違反」は絶対に許さないと思うか、ですね。

でね、きーやん。「ルール違反」から楽しいことが生まれた例はたくさんあるのですよ。

トリック撮影というか特撮の始まりを知っていますか？　映画の初期、フィルムは頻繁《ひんぱん》に代えないといけない長さしかありませんでした。日本映画の場合、チャンバラの途中で、フィルムを代えるために、みんなストップモーションしながら待っていました。でも、中に、「ルール違反」をしてトイレに行った俳優がいました。

現像してフィルムをつないで上映してみると、いきなり、人がパッと消えたのです。見ていた映画関係者はどよめきました。そして、「これは忍法《にんぽう》だ！」とトリック撮影が盛《さか》んになったのです。

ラグビーの起こりも半分俗説ですが、そうですね。イギリスの「ラグビー校」のエリス少年は、フットボールの試合中にいきなりボールを抱えて走り出しました。ルール違反ですね。でも、これは面白いと「ラグビー」という競技が生まれたのです。

ひょっとして、奥さんの「ルール違反」から、楽しいことが起こるかもしれません。

奥さんが生きがいを感じていきいきして、子供達もそういう母親を見て、喜ぶかもしれません。

きーやん。「そうは言っても、俺は家事なんかする気もないし、する時間もない」と思うでしょう。でも、生きがいのない母親に育てられる子供と、夫を深い部分で恨《うら》んでしまった妻とこれから何十年も生活するのは、それ以上に大変になる可能性があります。

昔だったら「女は黙って家庭に入ってろ！」ですみましたが、今は、「夫が簡単な家事なら手伝ってくれている家庭」「妻が生きがいを見つけていきいきと働いている家庭」なんて、ネットでググれば、簡単に見つかります。奥さんに、ずっと我慢を強《し》いるのは不可能なのです。

僕の両親は小学校の教師でした。父も母も、あの当時はブラックという意識がないまま、ずっと働いていました。

母は料理を作る時間もなかなかなかったので、小学校の時代から、インスタントラーメンは僕の親友でしたし、中学校の時はお弁当ではなくて購買部の焼きそばパンが母親代わりでした。でも、僕は母親を一度も恨んだことはありませんでした。母親が毎日、学級通信を発行し、子供達を親身に世話しているのを知っていたからです。

その充実した横顔は、子供にとって自慢であっても、淋《さび》しさとか愚痴《ぐち》の対象ではありませんでした。

さて、きーやん。僕が言えるのはここまでです。奥さんは聡明な人だと思います。2年後と時間を示し、それまでの準備の期間をちゃんときーやんに伝えているのですから。

怒らないで、いろいろと奥さんと話し合って下さい。きーやんの気持ちを全部伝え、奥さんの気持ちも全部聞きましょう。それができている夫婦は少ないと思いますが、きーやんが離婚を考えてないなら、そうした方がいいと思います。

きーやんさんから、6年後の後日談

6年前は、私の相談を取り上げていただき、ありがとうございました（小学生だった息子も今では高校生です）。

当時は鴻上さんのアドバイスをいただいても、どうしても妻が外で働くことを許せない気持ちでした。また、Twitter（現X）での私への非難があまりに多く、驚き落ち込んだのが正直なところです。

結局、話し合って、妻は当初希望していた食品会社ではなく、もう少し出勤時間の短い、ある医院の事務で働くようになりました。

妻は少々不服だったかもしれませんが、いい落としどころだったと思います。私も歩み寄って、今はごみ捨てと風呂洗いをしています。妻は私の家事分担を増やしたいようで、その話が出ると相変わらず険悪《けんあく》になりますが、この形が夫婦の妥協《だきょう》点かなと納得しています。鴻上さんのアドバイスがなければ、妻と話し合うこともなかったかもしれません。おかげ様で離婚せずに夫婦を続けています。この後も、人生相談を読むのを楽しみにしています。

相談3

10キロ太ったら周囲の男性の態度が変わりました。結局女は容姿《ようし》が10割でしょうか？

25歳・女性 セシル

3か月前に、足を骨折して体を動かさない間に、10キロ太ってしまいました。

足は治りましたが、すごくびっくりしたのは、周囲の男性たちの態度のかわりようです。

私はもともとの容姿に恵まれていたと思います。会社でもよく男性に話しかけられ、段ボールを持っていれば誰かが持ってくれたし、なにかとランチにも飲み会にもデートにもよく誘われていました。つまり、モテていました。

でも、10キロ太ったら、本当にわかりやすく男性が話しかけてくれる回数が減りました。ランチも飲み会のお誘いもデートもめっきり減りました。私はこれからダイエットして元に戻るつもりです。

今までどんなに得していたか身にしみてわかったからです。でも、これでまた元の容姿になってモテたとしても、そのまま恋人をつくっていいのか、不安になりました。

だって、私の中身じゃなくて、私の容姿に惹《ひ》かれた人とつきあって結婚したとして、いつかは私も老けます。そしたら、愛情はなくなるということですよね。

姉に言ったら「バカだなあ、ミツバチはきれいな花に集まるにきまっているでしょ、婚期を逃す前にさっさとダイエットしなよ」と返されましたが、なんだか気持ちが晴れません。

結局女は容姿が10割でしょうか。ダイエットしようと思いながら、モヤモヤしてます。

そうですか。セシルさんは、10キロ太ることで、人生の大切な疑問と出会ったのですね。それは、ズバリ言えば「人間の価値とは何か？」と

いうことですね。

困難な状況とかトラブルにあうことで、問題の本質が見えてくることってありますからね。

僕は英語が不得意なまま、イギリスに留学しました。言葉がうまく通じない毎日で、いきなり「言葉とは何か？」とか「日本語とは何か？」という疑問にぶつかりました。

ふだん、当り前に使っている言葉が使えなくなると、「どうして私は言葉を使っているんだろう」「言葉の役割とはなんだろう？」「不自由な言葉でも使う意味はあるんだろうか？」と、言葉そのものに対して深く考えるようになるのです。

一番、悔しかったのは、英語がうまく使えないと、「中身」まで劣等《れっとう》であると判断されたことです。日本語でなら、簡単に複雑なことを言えるのに、英語で稚拙《ちせつ》な説明しかできないと、イギリスのクラスメイトは、中身まで幼稚な人間だとみなしました。

それが、どんなに辛《つら》く歯がゆかったか。

さて、セシルさん。「結局女は容姿が10割でしょうか」というセシルさんの相談に答える前に、まず、僕が質問します。

セシルさんにとって、男の容姿は何割ですか？　男性の容姿は全然、気にしませんか？　眼《め》の前に、ぶさいくとイケメンがいたとして、容姿は恋に落ちることとまったく関係ないですか？　それとも、やっぱり、イケメンの方がいいですか？

セシルさんは、「私はもともとの容姿に恵まれていたと思います」と、正直に書かれたように、10キロ痩《や》せていた時は、間違いなく「美人村」の住人でした。

それが、一時的に10キロ太ったことによって、僕の故郷「ぶさいく村」に引っ越したのです。

すると、何が起こるのか？

容姿によって「中身」が判断されるという、恐ろしい現実とぶつかるのです。

10キロ痩せて「美人村」にいた時と、10キロ太って「ぶさいく村」にいた時と、「中身」に違いはありません。

わずか3カ月の違いですから、この間に、セシルさんの「中身」がものすごくいじわるになったり、バカになったわけではありません。なのに、こんなに周りの反応が違うことが、セシルさんは納得できないのですよね。私の本質はなにも変わっていない。ただ、容姿が10キロ太っただけなのに、と。

でもね、セシルさん。セシルさんが、そう思うのは、セシルさんが、まぎれもなく「美人村」の住人だからです。

「ぶさいく村」の住人には、こんなことは当り前のことなのです。

僕は、容姿によって中身が判断される、つまり「結局男は容姿なんだ」という衝撃の現実に19歳の時に気付きました。

僕の顔を知る人には信じられないかもしれませんが、僕は18歳までは自分が「イケメン村」の人間だと思っていました。高校までは、クラス委員をしたり、演劇部の部長やったり、生徒会長したりしてましたから、なんとなくモテていました。

同時に、ずっと一人の人に片思いしていたので、多くの人にモテるかどうか、たいして関心がありませんでした。ですから、それなりにモテると思い込んでいたのです。

それが、大学に入り、「合コン」というものを初めてしました。今でもはっきり覚えています。レストランで、6対6でした。僕は間違いなく面白いことを話している自信がありました。

でも、目の前に並ぶ女性達は、みんな別の方角を見ていました。その視線の先を探ると、イケメン君がいました。6人のうち、2人が「イケメン村」の中央広場の住人でした。あと1人が、「イケメン村」の村外れに住んでいました。残り3人が、「ぶさいく村」の住人で、2人は「イケメン村」との村境の水車小屋に住んでいました。

「ぶさいく村」の中央広場で生活しているのが、僕でした。

どんなに話しても、女性たちの視線は動きませんでした。ただ、イケメン村の中央広場の住人を見つめていました。

その衝撃の体験から、自分が「ぶさいく村」の村人だとはっきりと自覚し、それがどんなに不利なことなのか身に沁《し》みて分かるまでに、そんなに時間はかかりませんでした。

そこから、僕は「ぶさいく村恋愛対象地区」に強引に引っ越しするために、たくさんの本を読み、トーク力を磨《みが》いたりしたのですが、それは別の話。

自分が「ぶさいく村」の住人だと自覚して、よかったことがあります。それは、「人を容姿だけで判断することの危険と理不尽《りふじん》さ」を知ったことです。

容姿だけでジャッジされる理不尽さを知ると、自分もまた、他人を容姿だけでジャッジしていた恐ろしさに気付くのです。

「美人村」や「イケメン村」に無自覚に住んでいると、このことになかなか気付かないと思います。

なぜなら、容姿でマイナスにジャッジされて、中身までマイナスに判断されることは、まずないからです。ほとんどは、プラスにジャッジされ、中身もプラスに評価された経験のはずです。もちろん、「イケメンなのに（美人なのに）そんなことするんだ」という、容姿の美しさが、中身の評価を厳しくすることもありますが、とんでもない行動や発言を慎《つつし》めば、こう言われることは少なくなります。

「美人村」のセシルさんもまた、容姿によってマイナスにジャッジされるという経験をしたことがなかったと思います。そして、容姿がひどいから、中身もたいしたことがないんだろうと判断されたこともなかったでしょう。

ですから、10キロ太るまでは、「容姿」と「中身」の評価のアンバランスさに悩むこともなかったのです。

でも、「ぶさいく村」の住人は違います。ずっと、「容姿」と「中身」をイコールとされるアンバランスさ、理不尽さと戦ってきました。

「合コン」の時、「ぶさいく村」の僕が語る面白い話を女の子達は無視し、「イケメン村」の友人が語る凡庸《ぼんよう》な話を喜びました。

僕および「ぶさいく村」の村仲間は、何度、その理不尽さに悔《くや》し涙を流したか。

英語しか話せない人間は、言葉がつたないイコール中身がないと判断すると書きました。けれど、母国語以外の言葉で苦労したことがある人間は、言葉の下手《へた》さだけで中身をジャッジしません。英語が母国語で、英語しか知らず、世界中が英語を話すのが当然だと思い込んでいる人達だけが、英語がつたない人間に対して思い上がった反応を見せます。その姿に、何度、悔し涙を流したか。

いえ、違う話ですが。

でね、セシルさん。もちろん、セシルさんも僕もみんなも、美しいものが好きです。よっぽど屈折《くっせつ》した趣味の人でない限り、汚いものよりは美しいものを愛《め》でるはずです。

でも、「あなたは美しい」ということと「あなたは人間として素晴《すば》らしい」はまったく別です。

当り前のことですが、多くの人は時々、忘れます。

美人でいじわるとか、イケメンでバカとか、普通にいます。ぶさいくでバカや不潔がいるのと同じです。

でも、容姿が美しい人を見ると、中身まで素晴らしいと思い込みがちになります。

でもね、「ぶさいく村」の中央広場に住む人間は間違いません。だって、「容姿」と「中身」はイコールではないんだと、魂《たましい》にまで刻んでいるからです。

だから「ぶさいく村」の多くの村人は、女性をジャッジする時に、「結局女は容姿が10割」ではなくなるのです。もちろん、美しいものをみんな好きですから、8割の人も4割の人もいるかもしれませんが、「あの人は、美人だけど、待てよ。性格がものすごく悪そうだぞ」とか「すっごく可愛《かわい》いけど、ただのバカだぞ。歳《とし》とって、『可愛くってバカ』が、『ただのバカ』になるぞ」と見抜くことができるようになるのです。

同時に「『結局男は容姿が10割』とは限らないぞ。もちろん、10割だと思っている女性もいるだろうけど、さまざまな割合の人がいるぞ。なかには中身10割、外見0割って思ってる女性もいるぞ」なんて、ちゃんと分析できるようになるのです。

ですから、セシルさん。あなたは10キロ太ることによって、人生の知恵の扉を開けたのです。それは、「あなた自身が恋する相手を選ぶ時に、『容姿を何割』で選ぶか」という問いと出会ったということです。同時に、あなたを好きになってくれた人が、「容姿が何割」であなたに好意を持っただろうかという疑問と出会ったということです。

この知恵の扉は、「美人村」「イケメン村」に無自覚に住んでいる人には見えません。

けれど、やがて、歳を取り、かつての美しさが終わり、「美人村」や「イケメン村」から強制的に退去しないといけなくなった時に見えてきます。この扉を開けた奥には、「あなたから容姿を取ったら、どんな中身が残りますか？」という自分自身への問いかけが書かれています。

『サンセット大通り』という名作の古典映画をご存じですか？　かつての大女優が、年齢と共に美貌《びぼう》が衰《おとろ》え、仕事がどんどんなくなっていく中、幻想の中に生きるようになっていく話です。美しさがなくなった時、自分自身に何も残ってないことを、彼女は認めることができなかったのです。

美しければ美しいほど、イケメンであればイケメンであるほど、周りは勝手に「中身」も素晴らしいと思い込みます。または、「中身」を問題にしません。それだけで、充分だと思われて、モテます。

結果的に、「美人村」「イケメン村」に無自覚に住んでいると、「中身」を意識的に磨こうという努力も気持ちも生まれなくなります。昔、僕はエッセーで「モデルは本を読む時間がない。今日こそは本を読もうと思っても、すぐにデートや食事の誘いのメールや電話が来る。だから、本を読まない。読む活字は、ファッション雑誌のメイクと服装に関する部分だけ」と書きました。

二十代の時、容姿10割、中身0割のモデルさんとデートして、発見したことでした。

セシルさんは、「私の中身じゃなくて、私の容姿に惹かれた人とつきあって結婚したとして、いつかは私も老けます。そしたら、愛情はなくなるということですよね」と書きました。10キロ太って、一時的にぶさいく村に引っ越したからこその気付きです。もし、ずっと「美人村」に住んでいたら、美しさを失うまで気付くことはなかったでしょう。

ですから、セシルさん。10キロ痩せて、「美人村」に里帰りした後は、中身をうんと磨いて人間的に豊かな人になって下さい。たくさん本を読んだり、仕事に生きがいを見いだしたりして、容姿につりあう素敵な中身になることを勧《すす》めます。

やがて、歳を取り、かつての美しさが失われたとしても、充実した「中身」があれば、『サンセット大通り』の女優のようになることはないのです。

聡明《そうめい》なセシルさんなら、きっと大丈夫。中身を磨いていけば、言い寄ってく男の中身も見抜けるようになります。「容姿10割」で近づく男を判断できるようになるのです。

セシルさんから、6年後の後日談

骨折が治り、1年くらいかけて体重を戻しました。男性からの扱いも元に戻りましたが、優しくしてくれる男性に、以前とは同じ感覚はもてなくなったように思います。

そして『サンセット大通り』の女優のようにならないよう、鴻上さんのアドバイスを参考に、中身を磨くべく映画や読書に勤《いそ》しむようになりました。

結婚はお互いに好きなものが一緒かどうかが大切だと思うので、お相手は合コンではなく、社会人サークルでみつけようと、いま朗読、登山、クラシック鑑賞のサークルに入って趣味、人生で大切にしているものが同じ人を探しています。

もしうまくいったら、ご報告しますね！

相談4

鬱《うつ》になった妹が田舎に帰ってきましたが、世間体《せけんてい》を気にする家族が、病院に通わせようとしません

38歳・男性 農家の長男

西日本の片田舎で、果物農園を営んでいる家の長男です。相談は、鬱の妹に冷たい家族のことです。３歳下の妹がいて東京でアイドルを目指していたのですが、芽が出ないまま30代になり苦しんでいたようです。途中で鬱症状を発症し、昨年、母親が実家に連れて帰ってきました。

ですが、父や祖父、祖母の妹への態度が冷たいのです。妹が外出するのも嫌がります。何も言えない母親は、ただ黙っています。心の病気を患《わずら》っているのは明らかなのに、「あまい夢をみて。だから反対したんだ。もう嫁にもいけない歳《とし》だ（妹は35歳）」と言うばかりで最初は病院にすら行かせようとしませんでした。都会に住んでいる人にはわかりづらいかもしれませんが、

地方では、今でも鬱に対して世間の目が厳しいところがあるので、世間体を気にしているのです。昔は町内会ののど自慢大会に出るような目立ちたがり屋で明るかった妹がどんどんふさぎ込んで別人のようにしゃべらなくなっていくので、たまらず私が家族に病院に連れて行くべきだと訴《うった》えたら、隣の県に病院を探して行かせるならいいとしぶしぶ承知しました。東京に帰すわけにもいきませんし、こんな家族のいる場所で妹の病気が治るとも思えません。どうしたらいいか、鴻上さんのアドバイスをお願いします。

『ほがらか人生相談』を始めて、さまざまな悩みが送られてきました。ノンキなものもあれば、深刻なものもあります。

農家の長男さん。じつは、これまでの相談の中で、あなたの相談が、一番、深刻で緊急な相談だと僕は思っています。

それは、事態がまさに今重大な方向に進行中である、ということはもちろんですが、そう追い込んでいる人達にまったく自覚がなく、なおかつ相談している農家の長男さんにも、事態の深刻さが充分に理解されてない、と思われるからです。

僕も愛媛県の出身ですから、田舎の人達がどれだけ「世間体」を気にするか、よう く分かります。僕はそういう考え方や習慣に反発して作家になったところがありますが、あなたの父親や祖父・祖母が、妹さん本人より世間体を大切にする気持ちは理解できます。

「相談1」で、僕は「同調圧力の強さと自尊意識《じそん》の低さ」は、日本の宿痾《しゅくあ》だと書きました。同調圧力の最も強いもののひとつが「世間」です。田舎になればなるほど、高齢者になればなるほど「世間」を強く感じます。つまりは、同調圧力が強まり、逆らえなくなるのです。

さて、妹さんの状態は、「鬱症状を発症」と書かれています。うつ病かうつ症状か、とても、デリケートな状態だと思います。

先日、ネットで「うつ病は、脳のこむら返りみたいなものだ」という表現を見ました。

これは、「うつ病なんてのは、気合が足らないんだよ。根性とガッツで乗り越えるんだよ！」と言いがちな体育会系の人達（いや、もちろんイメージですが）にも、「こむら返り」は気力や根性ではなんともならない病気だと簡単に理解できる、とても的確な言い方だと思いました。

経験した人は分かりますが、脚がこむら返りを起こした時は、根性で走ったりガッツで伸ばそうと思ってもムダです。筋肉はぎゅーっと固まり激痛が伴《ともな》います。気合で乗り越えようとすればするほど、痛みが増すのです。

この痛みは、体育会系であればあるほど、経験しているでしょう。「うつ病はこむら返り」と表現することで、「そうか。それは大変だなあ」と理解する人が増えると思います。

僕はずっとうつ病を「心が骨折したようなもの」と表現してきました。これはうつ病は「心が風邪《かぜ》をひいたようなもの」という言い方があって、「風邪なんてのは、気力で治るんだよ。いや、そもそもたるんでいる奴《やつ》がひくもんなんだよ」という精神論を徹底的に否定するために言っているのです。

風邪は病院に行かなくても治るかもしれないけれど、骨折は病院に行かないとちゃんと治らない。そう言いたいために、「骨折」という表現を使っています。

妹さんの状態がうつ病、またはうつ状態だとしたら、自然に治る可能性は低いと思います。外出することを嫌がられ、「もう嫁にもいけない歳だ」などという言葉を日常、受け続け、お医者さんの適切な治療を受けないのなら、さらに症状が悪化する可能性が高いからです。

それでね、農家の長男さん。世間体を一番大切にしている人達は、変化を嫌います。

そもそも、世間というのは、「所与性《しょよせい》」というものを一番大切にします。それは、「続いていることを変化させない。今あることを受け入れる」という原則です。

真夏の高校野球が、どんなに高校生が熱中症になっても続くのは、「所与性」にみんな従《したが》っているからです。先の相談で書いたように、アジア・太平洋戦争中、効果のなくなった特攻攻撃を続けたのも「所与性」です。

特に、日本人は続いていることを中止したり、変革したりすることを嫌います。それは、何も変えなくても、まがりなりにも共同体が続いてきたからです。かえって、何かを変えてしまうと、中途半端《ちゅうとはんぱ》な結果になって、共同体が混乱すると考えるのです。

世間体を気にして、妹さんの状態を無視していても、とりあえず、世間付き合いは続き、家及び自分達の評価が下がることも村八分《むらはちぶ》になることもない、と家族の人達は考えるのです。

でもね、農家の長男さん。この時間は永遠に続くのでしょうか？

妹さんに冷たい父親と祖父・祖母は、今、おいくつでしょうか？　あなたが38歳ですから、父親は60歳ぐらい、祖父・祖母は80歳ぐらいでしょうか。間違いなく、20年後には祖父・祖母はお亡くなりになっているでしょう。その時、父親は80歳。あなたは58歳。妹さんは55歳。さらに10年して、父親が亡くなるとします。あなたは68歳。妹さんは65歳。

僕が何を言いたいのかお分かりですか？

68歳の高齢のあなたに65歳の妹さんの人生がのしかかるということなのです。

僕は、これを書くのもつらいのですが、そういう兄弟・姉妹を数組、知っています。

妹の状態がおかしい。あきらかにうつ病かうつ状態になっているようだ。なんとか病院に行かせたい。姉が何度も親にそう言ったのに、親はずっと反対する。世間体が悪い。ご近所から何を言われるか分からない。

その結果、ただ食事を与えるという状態で、妹は外出しないまま、30年を過ごす。適切な治療を受けないまま精神は荒廃《こうはい》し、会話もうまくいかなくなっている。

二十代に治療を受ければ、うつ病またはうつ状態はなんとかなったかもしれない。なんとか会話できる状態になったかもしれない。けれど、30年の軟禁《なんきん》生活の結果、人間との会話もできなくなり、精神が不安定になり、ヒステリー状態を示すようになる。なおかつ、精神の不調が体にも響き、健康状態も良くない。

そんな妹を残して、あれほど病院に行かせることに反対していた両親が亡くなる。

そして、姉と妹だけになる。

「どうして、30年前に病院に連れて行って、適切な治療を受けさせなかったのだろう」

僕の知り合いは、本当に苦悩の表情で言いました。病院行きに反対した両親に恨《うら》み言《ごと》を言おうと思っても、もう両親は亡くなっているのです。

妹という大問題を残したまま、両親は世間体に忠誠を誓って死んだのです。農家の長男さん。同じことがあなたにも、このままだと起こります。父親も祖父・祖母も、苦労を引き受けないまま死ぬのです。

でも、あなたの人生は続きます。

今、妹さんはまだ会話ができる状態でしょうか。突然、感情を爆発させることはないでしょうか。激しい思いこみによって、トイレを使わなくなり自室ですますようになってないでしょうか。電話が鳴るたびに叫《さけ》んだりしていないでしょうか。夜中、突然奇声《きせい》を上げることはありませんか？

けれど、このまま、20年以上、今の生活が続けば、そういう反応を見せる可能性は高まります。そして、その行動や感情を引き受けるのは、あなただけなのです。

どうしたらいいか。もうお分かりですね。

一番は、近くの精神科や心療内科《しんりょうないか》の病院にいますぐ、連れて行ってあげること。

35歳は、都会ではまだまだ可能性の真《ま》っ只中《ただなか》の年齢です。もう一度、人生をやりなおすことはそんなに難しいことではないでしょう。

家族が妹より世間体を取り、近くの病院は絶対にダメだというのなら、あなたは自分の未来のために戦うか（つまりは「30年後も妹の責任を取れるのか？」と父親に迫るか）、すくなくとも少し離れた病院の診察に連れて行ってあげること。そして、定期的に通える状態を作ってあげること。

とにかく、一刻もはやい受診をお勧《すす》めします。

妹さんとちゃんと意思が通じるうちに、うつ状態の治療を始めるのです。うつ病は「こむら返り」であり、骨折ですから、とくに重症になれば自然治癒《ちゆ》は難しいでしょう。妹さんと軽く話したり、食事を共にするのも、全身骨折を湿《しっ》布《ぷ》で治療しようとするようなものです。病院に行かないとダメなのです。

農家の長男さんにとって耳の痛いことかもしれませんが、くり返します。僕はあなたの20年、30年後の兄弟・姉妹を本当に何組か知っています。反対した親は死んでいるか、年老いて介護されています。

親に従い、兄や妹を病院に連れて行けなかった弟や姉が、今、まさに苦しんでいるのです。けれど、精神が荒廃した兄や妹は、弟や姉がどれほど苦しんでいるのかを理解できないのです。年老いた親が生きている場合は、親に対する激しい嫌悪《けんお》と攻撃を示します。

これを悲劇と言わずして、何が悲劇かと思います。けれど、この悲劇は、20年・30年前に避《さ》けることができたのです。ただ、世間に従ったことで起こってしまったのです。

農家の長男さん。どうか、あなたの未来のために、今、しんどいですが、動き出して下さい。心から応援します。

【編集部から】文章中「うつ病かうつ症状」か「うつ病またはうつ状態」と断定を避けているのは、抑うつ症状はあらゆる精神疾患でみられる症状であり、うつ病に限らないためです。うつ病と診断されていても、実はそれは統合失調症などの初期症状である可能性も考えられ、そうであれば治療を受けずに放置することで、人格荒廃に至ることがあります。加えて、悪い状況や環境により、二次的な精神疾患(アルコール依存や薬物依存など)が併発し、これが精神状態のさらなる悪化を招くことがあります。こうした理由により、いずれにしても早期の治療が必要です。

相談5

人前で話すことが怖いです。あがり症のなおし方を教えて下さい！

31歳・男性 りゅう

私は、自分でもいやになるほどのあがり症です。中学生くらいまでは学校行事の発表など、とくにあがることもなかったと記憶しています。なのに、自分でもなぜかわからないのですが、高校の時、英語スピーチの大会に出ることになって、いざ本番、自分でもどうかしているというほど緊張して自分をコントロールできず、結局、練習の半分もうまくいきませんでした。なぜあの時、あんなにあがってしまったのか、自分でも自分にびっくりしましたが、友達にも「どうしちゃったの？　そんな緊張しぃだったっけ？」とびっくりされたほどでした。

そこから、人前で話すことがさらに怖くなり、大学ではそういう場は避《さ》けていましたが、ゼミの発表など必須《ひっす》のこともあって、本当に憂鬱《ゆううつ》でしたし、やっぱりうまくいきませんでした。会社に入っても、プレゼンなど発表形式で、人前で話す時にどうしてもあがって声がうわずってしまうのです。重要なプレゼンに僕が指名されることは、今ではほとんどなくなりました。どうにかこのあがり症をなおしたいです。

鴻上さんは、舞台でどうしても緊張してしまう俳優さんがいらしたら、どんなふうに緊張をほぐすようアドバイスしていますか？　もしなにかあがらない方法があるなら、ぜひ教えて下さい。

りゅうさん。

安心して下さい。あがらない方法はたくさんあります。

昔から、俳優も緊張してきました。それはそうですよね、何百人もの観客の前で話したり、カメラと何十人ものスタッフの前で演技するのです。

緊張しない方がおかしいのです。

ですから、演劇界には、「緊張しない・あがらない」方法の蓄積《ちくせき》がたくさんあります。世界中の演出家や俳優が、いろいろと試行錯誤《しこうさくご》して、生み出してきた方法です。

と、書きながら僕は少々、戸惑《とまど》っています。

というのは、じつは、まさに昨日、『リラックスのレッスン～緊張しない・あがらないために～』という本の原稿を書き上げたばかりです（2019年1月に大和書房から発売されました）。

緊張をほぐす方法を、演劇界の蓄積と僕自身の経験と発見を基《もと》に丁寧《ていねい》に順を追って書いていたら、400字詰め計算で、300枚ぐらいの分量になりました。

今、その全部が頭の中でぐるんぐるんしてます。

もちろん、ここで300枚分のことを伝えるのは不可能です。回答が何カ月にもわたってしまいますからね。

なまじ、本を書いてなければ、この分量におさまるアドバイスができたと思うのですが。でもまあ、そんなことを言ってもしかたないです。

りゅうさんのように、学校の出来事がきっかけで極端なあがり症になったという人は多いです。いえ、ほとんどと言っていいでしょう。小・中・高校の授業で当てられて、教科書を読んで周りに笑われた。それ以降、人前ではうまく話せなくなった、というのが、悲しいですが一番、多いケースです。

りゅうさんの場合は、英語ですから、さらにレベルが上でしたね。母国語じゃない言葉を人前で話す時は、どんなに練習していても、緊張します。しょうがないのです。

僕がイギリスの演劇学校で公演に出演した時、最初のセリフを言う時に心臓がバクバクしました。最初が短いセリフだったのでなんとかなりました。もし、りゅうさんのように、長い文章だと立ち往生《おうじょう》していたかもしれません。

さて、りゅうさん。

りゅうさんは、緊張するのは「ゼミ」や「プレゼンなど発表形式で、人前で話す時」と書いていますが、その他の場合はどうですか？

僕が何を言いたいか分かるでしょうか？

「人前」の定義を厳密にしようとしているのです。

りゅうさんは、相手が１人でも緊張しますか？　会議室で、１人に向かって発表する時に緊張しますか？

1人はさすがに緊張しないとしたら、3人はどうですか？　3人は大丈夫でも、5人になると緊張しますか？

では、それが会議室ではなくて、いつもの居酒屋や喫茶店だったらどうですか？　いつもの居酒屋や喫茶店で、5人を相手に話すと緊張しますか？

では、その5人が全員、入社したばかりの新入社員でも緊張しますか？　5人が中学校の時のクラスメイトだったらどうですか？　5人が全員ガールズバーから来たお姉ちゃん達だったらどうですか？

りゅうさんは、人間の違いによって、どれぐらい緊張が違いますか？

こうやって、自分が緊張する時の「人数」「場所」「人間」を明確にしていきます。

それは、「人前」で緊張すると言う人は、漠然《ばくぜん》としか「人前」をとらえてないからです。つまりは、曖昧《あいまい》なイメージの「人前」に怯《おび》えているのです。

でも、りゅうさん。敵と戦う時に、敵の正体が分からない時が、一番、やっかいでしょう？　正体が分からない敵が一番、怖いじゃないですか。

「敵が来たぞ！」「何人だ？　どこからだ？　装備は？」「分かりません。とにかく、敵です！」は怖いです。

まだ「500人です！　上空からです。アメリカ空軍なみの装備です！」の方があきらめがつきます。無駄《むだ》な努力はやめようと、却《かえ》って心が落ち着くかもしれません。

僕は人前で話す時は、基本的に緊張しませんが、一度、2500人の前で『孤独と不安のレッスン』を1時間語ったことがあって、死にそうになりました。

「人前」もいろんなレベルがあるのです。

でね、りゅうさん。自分が緊張してしまう「人前」が分かってきたら、逆に緊張しない「人前」も明確になってくると思います。

一番、分かりやすい例だと、「とにかく2人以上の同僚か上司に会議室で話すのは緊張する」と分かると、まず、1人を相手に話します。最初は喫茶店とかがいいでしょう。相手になってくれる人はいますか？　同僚がつきあってくれると一番いいのですが、いなければ、友人でも恋人でもいいです。

そこで、ちゃんと話せたら、その「勝ち味《あじ》」をかみしめましょう。そして、自分をちゃんとほめてあげましょう。

「自分は、一人が相手なら、緊張しないで話せるんだ。えらいぞ、俺」とほめるのです。

りゅうさんは昔、英語の発表で強引に「負け味」を口の中に押し込められたのです。

ひとつひとつ、丁寧に回復していきましょう。

1人を相手に、喫茶店でちゃんと話せたら、2人の同僚を相手に会議室ではなくて、喫茶店で話してみましょう。「人数」「場所」「人間」のうちのひとつをレベルアップしてみるのです（ちなみに「場所」は、りゅうさんがホッとできる場所ほど、ハードルが低いです。ですから、同僚2人を、「自宅」に招いて、そこで発表する、なんてのが、一番、場所的にはリラックスできるでしょう）。

もし、それがうまくいったら、会議室に移動しますか。同僚や上司だと緊張するのなら、新人君に頼みましょう。それがうまくいったら、いよいよ、会議室で同僚2人を相手にします。

そうやって、丁寧に「勝ち味」を重ねていくのです。

りゅうさんが今、とにかく、どんな「人前」でもダメだ、とにかく人が怖いという状態なら、「社交不安障害」という病気の可能性もあります。でも、病気ですから、病院で専門医に診《み》てもらえれば治ります。「うつ病」よりも、「社交不安障害」の方が自然治癒《ちゆ》の可能性が低いと言っているお医者さんもいます。軽い気持ちで、心療内科か精神科を受けて下さい。

そうではなく、緊張する「人前」と緊張しない「人前」が区別できる場合は、緊張しないレベルから焦《あせ》らず、ゆっくり、「勝ち味」を味わいながら進んでいきましょう。

大丈夫。中学校以前は普通に話せたのです。その状態に戻るだけです。

焦らず、一歩ずつ進みましょう。

もっと詳しい方法を知りたいなら、『リラックスのレッスン〜緊張しない・あがらないために〜』を読んで下さい。あ、いや、これは本当に宣伝ではないのですが、まさに宣伝みたいになってしまいました。困った。

相談6

学校のグループ内で私は最下層扱い。本当の友達がほしいです

17歳・女性　あさひ

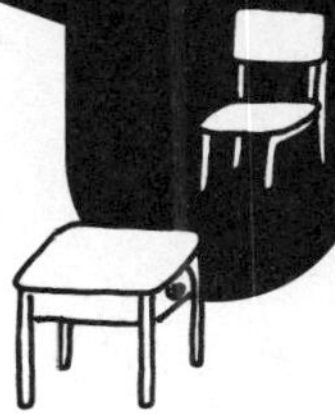

女子高に通っている高校2年の17歳です。相談は、学校があまり楽しくないことです。

2年になって、5人の仲良しグループに入りました。授業の移動もランチも、みんな一緒《いっしょ》です。ときどき、放課後にケーキの食べ放題にいったりもします。夏休みもいっしょに海に遊びにいきました。

でも、私は5人のなかで、いてもいなくてもいい感じなんです。遊びの決め事とかあっても私に相談なしに決まっていることもよくあります。夏休みの遊びの計画も知らないうちに先に日程も決まって、「行けるでしょ？」っていう感じでした。4人のうち誰かが話しはじめても、私の方を向いて話す

ことはほとんどありません。私の意見を聞こうともしてくれません。ときどき、さみしい気持ちになります。

いじめられているわけではないけど、たぶん、4人にとって、なんとなくくっついている私は、本当はどうでもいい人間なんじゃないかなって思います。みんなでカフェに入っても、なぜか私ばかりが端《はし》っこのはみ出る席（前にみんなの鞄《かばん》が置かれることになる席）に座ります。一回はみ出ない席に座ろうとしたら「奥にずれて」と言われてしまいました。都合のいいときに利用されているかもと感じるときもあります。

みんなで週末に超人気のパンケーキを食べに行こうということだったのに4人が「どうしてもその日、用事で早くつけないから先に並んでてくれる？」と、みんなより1時間半も前に並んだこともありました。

みんな私を本当の友達とは思ってくれていないのかもしれません。でも、ひとりになるのはいやです。お昼ごはんをいっしょに食べる人や授業の移動をいっしょに行く人がいなかったら友達いない人みたいでみじめです。それだけはできないです。

どうして私は本当の友達ができないのか、いつも最下層扱いなのか、自分が嫌《いや》になります。鴻上さんの、「同調圧力」のネット記事見て、なんか、泣きそうになりました。私は今までクラスで同調圧力に逆らったことなんかないです。でもここから抜けられる方法があったら教えてほしいです。本当の友達はどうしたらできますか。

あさひさん。正直に相談してくれてありがとう。

本当の友達が欲しいんですね。

いきなり質問しますが、本当の友達が欲しい理由はなんですか？　ひとりになるのが嫌だからですか？　友達がいない人はみじめだからですか？

僕はあさひさんを責《せ》めているのではないですよ。みんな、ひとりになるのは嫌ですからね。

でも、みじめになるのは嫌だから友達が欲しいのなら、誰でもいいことになりませんか？

恋愛に例《たと》えると分かりやすいですかね。さびしいから恋人が欲しいなら、さびしさを忘れさせてくれるなら誰でもいいことになりませんか。それは嫌じゃないですか？　やっぱり、この人って思う人と恋愛して、その結果、さびしさを忘れたくないですか？

「どうして私とつきあいたいの？」って聞いて「さびしさを忘れたいんだよ」って言われたら、困りますよね。やっぱり、「あさひじゃないとダメなんだよ。あさひが好きなんだよ」って言われたくないですか？

では、友達はどうですか？　お昼ごはんをひとりで食べたくないから友達が欲しいのなら、誰でもよくなりませんか？

「みじめになりたくないから友達になって」と言われたら、あさひさんは嬉《うれ》しいですか？　もし、もう一人のクラスメイトがやって来て「あさひさんと話が合いそうだから友達になって。あさひさんにとっても興味があるの」と言われたらどうですか？

　あさひさんは、どちらの人と友達になりたいですか？

　もし、あさひさんが「私はみじめになりたくないから友達が欲しいの。それだけなの。私がひとりでみじめにならないなら、どんな人でもいいの」と思っているのなら、僕の相談はここまでです。

お互いがお互いのことにまったく興味がないのに、ひとりになりたくないから友達のふりをしている人達はいます。そういう人達は、相手の話を聞かないで自分のことだけを話します。そして、心の深い所で相手に退屈していたり、バカにしていたりします。何人かで話していて、一人がトイレに行くと、すぐにその人の悪口が始まる集団は、そういう人達が集まっているのです。

でも、別れないのは、ひとりはみじめで、さびしいと思っているからです。

ちなみに言うと、そういう恋人同士もいます。本当は相手のことをちっとも好きじゃないのに、さびしくて、恋人がいないと思われたらみじめだからつきあっている人達です。

僕は、そういう人を見るたびに、「そんな相手とつきあう苦痛」と「みじめでさびしいと思う気持ち」を天秤《てんびん》にかけます。

どういう意味か分かりますか？　さびしさやみじめさから友達になった相手といると、本当の友達ではないですから苦痛を感じます。でも、もし、そういう関係がいやだと拒否して友達にならなかったら、みじめさやさびしさを感じます。

どっちを選んでも、マイナスの気持ちが生まれます。だったら、どっちのマイナスの気持ちの方が大きいかを考えるのです。

あさひさんは、どっちの気持ちの方が大きいですか？

どっちの気持ちの方がいやですか？

えっ？　そんなこと考えたこともない？　では、考えて下さい。ゆっくりと。落ち着いて。自分はどっちがいやなのか。もちろん、パッと考えれば、どっちもいやです。でも、じっくり考えると、どっちの方がよりいやか、微妙《びみょう》な違いを感じてきませんか？

究極の選択ですね。「うんこ味のカレーとカレー味のうんこ」のどっちを選ぶのか。「本当の友達とは思ってくれない人達といつも一緒にいる」か「ひとりでお昼をたべたり教室を移動したりする」か。

でね、あさひさん。

この究極の選択に答える前に、もし、あさひさんが「みじめでさびしいのはいやだから友達が欲しいんじゃないです。私は本当の友達が欲しいんです」と思ったとしたら――。

では、僕は聞きます。あさひさんにとって、本当の友達はどういう人ですか？　もっと簡単に聞くと、「どんな人と友達になりたいですか？」。好きになるタイプってわりと決まってないですか？　スポーツマンだとかイケメンだとか面白いとか賢《かしこ》いとか。

友達になりたいのはどんなタイプですか？

あさひさんの相談を読んでいると、どうも、抽象的な友達を求めていて、具体的な友達のイメージがないように思えるのです。

なんだか、恋に恋する純情乙女みたいな感じです。恋に恋している時は、あんまりタイプはないでしょう？　ただ、恋人が欲しいと思うだけなのです。

「どんな人と友達になりたいですか？」

例えば、「気が合う人」。なぜ気が合うのでしょう？　気が合うのは理由があると思いませんか？　同じアーティストが好きとか、趣味が似ているとか、興味のあるものが近いとか。

僕は人間関係は「おみやげ」を渡し合う関係が理想だと思っています。

「おみやげ」って言うのは、あなたにとってプラスになるものです。楽しい話でもいいし、相手の知らない情報でもいいし、お弁当のおすそ分けでもいいし、優しい言葉でもいいし、なぐさめでもいいし、マンガやDVDを貸してあげるのでもいいし、勉強を教えてもいいし。とにかく、あなたが嬉しくなったり、助かったり、気持ちよくなったりするものやことです。

AさんとBさんがいて、いつも、Aさんは「おみやげ」をBさんに一方的に渡すだけで、Bさんからは何もお返しがなかったとしたらどうなるか、想像してみて下さい。

Aさんはいつも Bさんに、面白い話をしたり、ネットの耳寄《みみよ》りな情報を教えたり、元気づけたり、オシャレ小物をあげたり、グチをきいてあげたりしている。Bさんは、ただそれを受け取り、喜び、聞いているだけ。Bさんは、何もAさんに渡してない。

そういう関係は長続きしないと僕は思っているのです。

そして、恋愛も友情も、お互いが「おみやげ」を渡し合えている限り、関係は続いていくと思っています。

でも、どちらかが「おみやげ」を受け取るだけで、何も返さなくなったら、その関係は終わるだろうと思っているのです。

利害関係とは、ちょっと違います。「おみやげ」関係は、もっと人間同士の受け渡しというか、大きなことからささいなことまで、物質的なことや精神的なこと、気持ちまで含んだ全体的な関係のことです。

僕は「おみやげ」関係が、人間関係の基本だと思っているのです。

残酷《ざんこく》な考え方だと思いますか？

でも、あさひさんに友達がいて、その人はいつもあさひさんに頼って、いつもグチを言って、いつも相談をもちかけているとしたらどうですか？

あさひさんが自分の相談をしてもちゃんと聞いてくれなくて、あさひさんの気持ちじゃなくて、自分の気持ちばっかり言い続けたら、あさひさんは友達を続けたいと思いますか？

お互いがちゃんと「おみやげ」を渡し合う関係にならないと友達を続けられないのです。

僕は大学時代、正月に故郷に帰り、文学好きの友達に会う前は、必死になって最新の話題作を何作か読みました。そして、「あいつならこれを気に入るんじゃないかな」と思う本の話をしました。友達は、目をキラキラさせながら、僕の情報を喜んでくれました。それは僕なりに考えた「おみやげ」でした。

どうですか？　あさひさん。

あさひさんは、グループの４人にどんな「おみやげ」を渡していますか？

パンケーキ屋さんに１時間半も前からひとりで並んだのは間違いなく「おみやげ」です。それ以外は、どんな「おみやげ」を渡していますか？

えっ？　自分は最下層で「おみやげ」なんて人に与えられない？

あさひさんは、すごく落ち込んでいるとき、相手が微笑《ほほえ》むだけでホッとしませんか？　それは立派な「おみやげ」です。髪を切った時、「似合ってるね」と言われたら、嬉しくなりませんか？　その一言は素敵《すてき》な「おみやげ」です。

そして、あさひさんは、その４人からどんな「おみやげ」をもらっていますか？

ただ、お昼と移動教室の時にひとりにならないというだけの「おみやげ」ですか？

さて、あさひさん。長い文章になりました。

僕は中学時代、「友達のふりをする苦痛」と「ひとりのみじめさ」を天秤にかけて「ひとりのみじめさ」を取りました。グループから抜けて、ひとりでもいいと決意したのです。

それでも、何人かはときどき話しかけてきてくれました。ひとりになってさびしい時に、話しかけてくれるだけでも、それは僕にとって「おみやげ」でした。

そういう時、自分はどんな「おみやげ」が渡せるだろうかと考えました。相手にとって何が「おみやげ」になるかを考えることは、つまり、相手を理解しようとすることです。音楽に興味のない人にいくら最新の音楽事情を話しても、それは「おみやげ」になりません。自分が興味あることと、相手が興味あることが違うことはよくあります。

そうやって、考えながら「おみやげ」を渡しているうちに、ひとり、本当の友達ができました。たったひとりでしたが、さびしさもみじめさもなくなりました。じつは、彼も「ひとりのみじめさ」を選んで、グループから抜けた人間でした。

あさひさん。これは僕の場合です。

あさひさんは「友達のふりをする苦痛」と「ひとりのみじめさ」を自分で天秤にかけないといけません。焦《あせ》らず、ゆっくり考えて下さい。

そして、「この人と本当の友達になりたい」と思う人がいたら、「自分はどんな『おみやげ』を渡せるんだろう」と考えるのです。

「おみやげ」は押しつけるものではありません。相手がいやがるものでもいけません。相手がもし、あさひさんの「おみやげ」を受け取る気持ちがないようなら、あきらめるしかありません。ただ、その人がくれた「おみやげ」に感謝していること、嬉しかったことは伝えましょう。

相手への「おみやげ」を考えることは、人間を理解しようとすることです。

それは決してムダな努力ではないです。

その努力は、あさひさんを成熟させます。人間を見る目を養い、相手の気持ちを察《さっ》することができるようになります。

そんな素敵な人は、みんなが友達になりたいと思う人なのです。

あさひさんから、6年後の後日談

あのときは、私の相談が取り上げられてびっくりしました。ただ、鴻上さんのように一人でいる寂しさは選択できませんでした。つまらない自分に、パンケーキ屋さんに1時間半もひとりで並ぶようなこと以外に、友達に渡せるお土産は何もないような気もして、それで自己嫌悪《けんお》になって、しょうがないとあきらめていました。

そんなはずはないのに、高校生だった私にとってはあの友達のグループが全てで、そこに入っていなければ人生は終《おわ》りだと思っていたのです。

でも高校を卒業したら、大学やバイト先でいろんな人たちと出会って、一緒にいて楽しい友人もできました。ちなみに高校時代の友人とは会う気にならないので、会っていません。

あのとき、「私も同じだから気持ちがわかる」というようなSNSをたくさん見て、ちょっと救われました。だから投稿してよかったです。ありがとうございました。

いま高校生で同じように苦しんでいる人がいたら、大人になったらもっと広い人間関係があるから大丈夫だよと、伝えてあげたいです。

相談7

SNSを辿《たど》って、彼女が整形をしていたことに気づいてしまいました。なんだか騙《だま》された気分です

36歳・男性 かば

結婚を考えている7歳下の彼女がいます。2年前に合コンで知り合ってつきあい始めました。最近、SNSを辿って、彼女がおそらく整形していたことに気づいてしまいました。似ても似つかないとまでは言いませんが、よくある芸能人の整形前の顔くらいの開きはあります。今は二重《ふたえ》ですが昔は一重《ひとえ》だったようですし、顔の輪郭《りんかく》も違います。ちょっと引きました。なんだか騙《だま》された気分です。彼女は僕に整形のことをいつか告白するつもりはあるんだろうか、とも思います。なんで整形なんかしたんだろうと考えつつ、彼女が昔の姿でも僕はつきあったのだろうかと思うと、自分に落ち込む気持ちにもなります。

優しくて気も合うので一緒《いっしょ》にいると楽しい彼女で、本当に自分は運がいいと浮かれていましたが、このままだと悶々《もんもん》としてうまくいく気がしません。僕はどう気を立て直したらいいのでしょうか。整形なんて今の時代、珍しくないのかもしれません。僕は心が狭《せま》いでしょうか。

かばさん。大変ですね。

かばさんは、決して心が狭い人ではないと思います。

この問題は、全く違う種類の苦しみが複数存在しているから、やっかいなんだと、僕は考えます。

ひとつは、「なんだか騙された気分です」と、かばさんが書いているように「整形したことを黙っていたこと」に対する苦しみですね。相手を責《せ》める気持ちです。

そして、もうひとつは、「彼女が昔の姿でも僕はつきあったのだろうか」とかばさんが書く、「自分はただ、顔に惹《ひ》かれただけで、愛とか感情は関係ないのか。自分の愛は、ただ外見だけが重要なのか」という「自分に落ち込む気持

ち」です。つまり、自分を責める気持ちです。

相手と自分、両方責める気持ちになるので、深く落ち込むし、傷つくのだと思うのです。

でも、二つ目の、自分を責める気持ちになるのは、かばさんが賢明な大人である証拠です。自省《じせい》しない愚《おろ》かな人だと、ただ「騙された！」と怒って、自分の価値観を疑うことはありませんからね。かばさんは、とても知性のある大人だと思います。

一つ目の「どうして黙っていたんだ」という気持ちも、それだけじゃなくて、同時に、「でも、言えない気持ちも分かるなあ。俺、彼女に『可愛《かわい》いなあ』なんて言っちゃったからなあ。自分からはなかなか整形のことは告白できないよ」と、相手の事情も想像できることが、さらに混乱を生むのでしょう。相手の事情がまったく分からなかったら、「騙されたこと」を単純に怒れるんですけどね。

それから、かばさん、「そもそも、俺は整形を問題にしているけど、整形ってなんなんだ？」という混乱はないですか？

整形手術に反対する人は、「親からもらった身体を勝手にいじってはいけない」と言います。じつに分かりやすい理屈ですが、問題はそんなに単純なことではないでしょう。

絶対にいじってはいけないのなら、「歯並び」はどうなのかと思います。歯並びが乱れている人が、手術や器具で矯正《きょうせい》することは「美容整形」ではないのかという疑問です。韓国に比べて整形手術の広がりに厳しい日本でも、「歯並び」の矯正は整形ではないと思う人が多いと思います。

「歯列《しれつ》矯正」は噛《か》み合わせなどの健康面の問題もありますが、多くは間違いなく「見た目」の矯正です。それは、「美容整形」のはずです。

でも、「歯列矯正」したからと責められているアイドルを見たことはありません。

それから、一重まぶたを二重にする手術は問題だと責める人も、アイプチ系の一時的なものに関しては寛容《かんよう》だと思います。同じ二重なのに、手術はダメで、一時的な糊《のり》(ペースト)はオッケーなら、二重になった人に対して、「メスなのか？　糊なのか？」と聞いてから、責めることになります。それはなんか変じゃないかと思います。

また、メスを使うことは絶対にダメだけど、ボトックスなどの注射による整形は問題にしないとしたら、メスと針の違いはなんなのかと思います。

また、テレビ番組で、自分の容姿《ようし》に自信がなく、容姿のせいでいじめられていた人が、整形手術を受けることで別人のように変わり、自信に満ちた表情で生活している姿を見ると、整形手術に対する認識も変わってきます。

知れば知るほど「整形をどう理解したらいいんだ？」ということが分からなくなってくるのです。

心から「整形は悪くない。当然のことである」とも思えないし、「整形は絶対ダメ」とも思えない人は多いでしょう。混乱するのが正直な気持ちだと思います。

それから、前述した「自分の恋愛は外見だけなのか」という怯《おび》えを、完全に否定できない気持ちが混乱に拍車《はくしゃ》をかけます。

もうずいぶん前ですが、スポーツ番組が「有名野球選手の母親と妻の写真」を並べるという大胆《だいたん》な企画を放送したことがありました。

もう笑ってしまうぐらい、野球選手が選んだ結婚相手は、彼の母親そっくりでした。

ぽっちゃりした母親を持つ野球選手はぽっちゃりした妻を選び、和風な顔の母親の息子は和風の顔の妻を選び、キツネ顔の母親を持つ息子はキツネ顔の妻を選んでいました。

番組の若い女性キャスターは、悲鳴のように「男性ってみんなこうなんですか!?」と叫《さけ》んでいました。その声が、今でも僕の耳の奥底に残っています。

外見だけで選んだんじゃないと、男性は言いたいわけです。性格とか人格とか相性とか、なんとかいろいろと愛情の理由をつけたいわけです。まさか、「母親と同じ顔です。以上!」とは、言いたくないのです。

お金持ちと結婚する女性が、「お金じゃないの。彼の人格に惹かれたの」と言いたいのと同じメカニズムでしょう。

それから、もうひとつ。

かばさんは、結婚を考えていたんですよね。ひょっとして、子供のことを考えてますか?

数年前、「整形した美男美女と三人の子供」の写真がネットで話題になりました。

かばさんも見ましたか？

三人の子供は、美男美女の親とは似ても似つかない顔をしていました。韓国の整形美男美女の写真だと言われましたが、やがて、フェイク写真だということが判明しました。

母親だと思われたのは、台湾の美人モデルで、広告写真として撮影されたものでした。子供達の親は、子供の顔は加工ソフトで過剰《かじょう》にぶさいくにされていると怒りました。

写真はフェイクでしたが、この写真が爆発的に広がり、信じられたのは、人々の心の中にある「整形に対する怯え」をあぶり出したからだと僕は思っています。どんなに本人が整形に納得し、周りが認めても、その結果は子供に出るんだという恐《おそ》れです。

広がっていく嘘《うそ》は、みんなが信じたい嘘です。こういうことを見せて欲しい、言って欲しいと思っていることは、それが嘘でも広がります。

「だから、整形はだめなのよ」とあの写真を見て、普段から整形に反発している人は声を上げたでしょう。

僕の知り合いで整形を受けた人は、あの写真がフェイクだと判明する前に、「何が問題なの？　子供が自分の顔が嫌だと思ったら、子供も整形手術を受ければいいのよ。それだけのことよ」と言い放ちました。その言葉の強さに僕は唸《うな》りました。

さて、かばさん。

こうやっていろいろと書いてきたのは、僕自身、どうアドバイスしていいのかずっと迷っているからです。

僕自身の身に起こったらどうするんだろうと、僕は迷っているのです。

迷っている時は、「なぜ自分は迷っているのか」と考えます。そうすれば、少し楽になって自分の気持ちと向きあえるようになります。

ものすごく悲しい時は、「なぜ自分は悲しいんだろう」と考えることで、悲しみと距離が生まれて、感情から少し自由になれます。それは生きる知恵です。

恋愛は、頭で考えたことと感情が直結しにくい分野です。頭で結論を出しても、気持ちが追いつかないこともよくあります。

恋人が昔、自分の親友とつきあっていたことを黙っていたとか、恋人が酔っぱらって一度だけ間違いをおかしてしまったとか、恋人が家族とか学歴とか仕事とかなにかについて嘘をついていたとか、頭で受け入れようと思うことと、気持ちで認めようと思うことはイコールではありません。

そのズレにのたうちながら悩んでしまうのです。

かばさん。僕なりに、かばさんの混乱と不安を分析しました。

ここから、迷っている僕がかばさんにできる最後のアドバイスは、「とにかく、彼女ととことん話してみたらどうですか？」ということです。

軽くじゃなくて、かばさんが彼女のことを「受け入れたいけど受け入れられない」と悩んでいるのなら、徹底的に話し合うことをお勧《すす》めします。

その結果、別れることになっても、しかたないと思います。とにかく、こんな複雑でいろんな感情が沸《わ》き起こる問題は、一人で抱え込まず、相手と徹底的に話すのです。

結論を急がず、売り言葉に買い言葉にならず、捨て台詞《ぜりふ》で終わらせず、話し合ってみてください。

相談8

兄が継いだ実家の酒蔵《さかぐら》がうまくいかず、田舎に帰って手伝うよう迫られ、断る決断ができません

32歳・女性　A子

2歳上の兄が悩みです。自営業（老舗《しにせ》の小さな酒造会社）をしている我が家ではとにかく跡継《あとつ》ぎの兄が一番の扱いで、とくに母はさんざん兄を甘やかしてきました（小学3、4年でまだ靴下をはかせてあげていた異常さです）。同じ家の子供なのに、あまりに差別されて育ったと思います。母が授業参観にくれば、兄を見たいばかりに私は5分で済まされたこともあります。口を開けば「あの子はうちを継ぐんだから」と。

いくらなんでもいつの時代だよと思ってきました。兄もその母の偏愛《へんあい》にのっかって生きてきたので、いろんなことがルーズで努力知らずです。水泳でも算盤《そろばん》でもお稽古事《けいこごと》はたいてい1年も続かず、何かを成し遂《と》げることが苦手

です。大学受験にも失敗し、誰も知らないような三流大学にいきました（怠《なま》け者なので当然と思いました）。

　家を継いだところであんなぼんやりした兄に経営なんてできるわけないと思っていたら、兄が30代も半ばに近づいてきたところその仕事ぶりにいよいよ両親も不安になってきたようで、今になって兄のサポートのために「帰ってこい、こっちで結婚すればいい」と言ってきたのです（ちなみに兄は一度お見合い結婚しましたが、1年で奥さんに逃げられました。あの母親つきの兄ですから、私は元奥さんに同情しました）。

　あまりに勝手で腹が立ちました。私はもう10年も食品メーカーで働いていて、私の仕事人生があります。兄をさんざん甘やかしておいて都合がよすぎると母に怒りをぶつけたら、２００年続いた老舗の家を見捨てて平気なのかと泣いてしまいました。叔父《おじ》さんや叔母《おば》さんまで私に電話をかけてきて「A子は頭がいいからお母さんも頼りにしてるんだ、こういうとき家族は助け合うのが当たり前じゃないか」と説教するのです。

酒蔵は存続してほしいですが、私は正直、兄と一緒《いっしょ》に仕事はできません。

尊敬できない兄の下ではうまくいかないのはわかっているからです。それにみんな兄のことばかり心配するけど私の人生には興味がないんだなと空《むな》しくもなりました。

ですがこのまま断ったら家族や親戚と険悪《けんあく》になるのはわかりきっています。そういう古い家です。気が重いです。断る罪悪感もあります。私はどこまでこういう家族につきあうべきなのか、決められない、というのが悩みです。

……………………………………

Ａ子さん。僕には、あなたはもう自分なりの結論を出しているように感じます。ただ、僕に背中を押して欲しいだけなんじゃないかと。

僕の意見は、決まっています。

「どこまでもなにも、そんな親につきあう必要はまったくない。故郷に帰らなくて、家族や親戚と険悪になってもいい。だって、Ａ子さんの人生は誰のものでもない。Ａ子さんのものなのだから」です。

とても厳しい結論です。だから、Ａ子さんも僕に背中を押して欲しいのだと思います。

どうして、こういう結論になるか？　それは、故郷に帰っても、A子さんが幸せになるとは考えられないからです。

「相談4」の投稿者「農家の長男」さんの場合と同じで、悲しいですが、A子さんの両親は、A子さんの人生より酒造会社を続けることを選んでいます。

とにかく、今まで続いてきた会社を続けることを至上命題《しじょうめいだい》にしています。

なぜか？

残念ながら、「所与性《しょよせい》」としか考えられません。

ビジネスとして続けたいのではなく、それが伝統であり、世間の中の自分達の生き方だから続けようとしている、ということです。変化すること、切断すること、中止することを「所与性」は極端に嫌います。

残酷《ざんこく》なことを言えば、続けられればそれでいいのです。続けることが目的なのです。

それは、これまた残酷な言い方ですが、一種の思考放棄《ほうき》です。ただ、続けることが目的だから、「長男だから跡継ぎ」というなんの根拠もないルールに従《したが》ったのです。

これが激しいビジネスを生きている親なら、「兄はどこかのんびりしている。これでは将来、競争社会を生きていけない。妹の方が向いているんじゃないか?」と早い段階で判断します。性格的にビジネスに向いているのかどうかは、高校ぐらいでもう分かるでしょう。それがムリでも、大学に入れば見えてくるはずです。人間は、いきなり変身するわけではないのです。

「三流大学」に入り、結婚に失敗しても、両親は思考を放棄して「世間」のルールである「所与性」に従って「長男だから」と経営を任せていたのです。

そして、兄が三十代の半ばに来て、ようやく、家族は、「所与性」にすがるのをやめたのです。

でも、「このままじゃまずい」と思っただけで、思考を始めたわけではありません。ただ、「長男が頼りない時は、妹に頼もう」と「世間」のルール(これを『長幼《ちょうよう》の序《じょ》』と僕は呼んでいます)に従っただけです。

本当に思考を始めたら、A子さんに提案するはずです。

「会社の経営権はA子に渡す。長男はサポート的な立場にする。それが経営のじゃまになるのなら、半年から一年後には、長男は会社の経営から離れるようにする」なんてことです。だって、兄が頼りないから妹に泣いて頼むのです。

つまり、兄は実質的に社長失格ということです。

ですから、ビジネスとして酒造会社を助けて欲しいと提案するはずなのです。

でも、両親や親戚が言っているのは「兄を助けて欲しい」です。

ビジネスの原則として、これがどれほどおかしいことかが分かるでしょう。

有能な社長が、サポートしてくれる部下を求めるのなら分かります。けれど、能力のない社長を、君は有能だから部下としてサポートしてくれ、というのは、「その見返りに何をもらえるのか？」というリターンの問題になります。

通常、この場合は、破格《はかく》の給料が払われます。

A子さんが苦労するだろうと思うのは、家族と伝統という視点でしか家族も親戚も考えてない、という点です。

もし、僕の言う通り、A子さんが「破格の給料」を求めたら「家族なのに、なんでそんなことを言うのか？」と両親も親戚の人達も怒るでしょう。

つまりは、ビジネスとは考えず、家族の助け合いだと思っているのです。

「200年続いた老舗の家」を続ける理由も、ビジネスではなく、それが伝統だからです。

ビジネスなら、思考を求められますが、家族と伝統なら、「世間」の「所与性」に従っているだけで、思考する必要はありません。妹さんがサポートしている間も、家族の思考放棄はずっと続くでしょう。

A子さんが、もし、故郷で働き出し、利益を出したとしても、家族や親戚の理想像は、「長年続く酒造会社を経営する兄とサポートする妹」です。A子さんの人生もやりがいも存在も、ずっと二番目なのです。実質、一番目の働きをしていても、ずっと二番目なのです。

家族も親戚も、まず兄を立てるでしょう。兄が最高経営責任者であり、兄の決断を一番にするはずです。そもそも、兄が頼りなく、経営者として失格だから妹を呼んだはずなのに、依然《いぜん》として、「世間」に対して「兄が責任者」というアピールをするでしょうし、実際にそういう扱いになるでしょう。

古い田舎で、「妹が兄を差し置いて経営し、兄に指示を出し、兄を必要としない」なんていう風潮を家族や親戚が許すはずはないのです。

Ａ子さんは、どんなに働いても、評価としては兄のサポートであり、兄より下の存在なのです。

どんなに給料をもらっても、有能な部下はいつまでも無能な社長を支えはしません。たいていは、自分で起業するか、別の会社の社長にヘッドハンティングされます。

でも、Ａ子さんは「家族なんだから」という呪いの言葉で呪縛《じゅばく》され続けるのです。

Ａ子さんが幸せになれるはずがないのです。

でも、今僕が書いてきたことは、Ａ子さんは聡明《そうめい》な人ですから、予想していたはずです。ただ、家族を「捨てる」決心がつかないだけです。

大人になったら、家族を捨てなきゃいけない時も来るのです。それは、残酷だからとか冷たいからではなく、自分の人生を生きるためです。

子供の頃、親はとても賢《かしこ》くて、従う対象でした。でも、自分が大人になると、親の愚《おろ》かさが見えてきます。一人の人間としての限界がくっきりと分かります。

そういう時、もちろん、「家族」として歩み寄れることはあるでしょう。

正月に帰省して共に食事するとか、両親の古い人生観を黙ってうなづくとか、近所のグチを聞いてあげるとか。

でも、自分の人生を差し出さなければいけないことは、歩み寄る必要がないのです。

歩み寄ってはいけないのです。そんなことをしたら、残りの人生がだいなしになるのです。

A子さん。どうか自分の人生を生きてください。

このまま、思考放棄が続けば、酒造会社は潰《つぶ》れるかもしれません。でも、それはA子さんの責任ではありません。

有能な経営者をヘッドハンティングしたり、A子さんに全面的に経営権を任せると言い出したり、両親がもう一度経営を見直したり、兄を別の酒造会社に出向《しゅっこう》させて経営を学ばせたり、やれることはたくさんあります。

なのに、思考放棄を続けて潰れたとしたら、どうしてそれがA子さんの責任になるのでしょう。

A子さんしか解決策がないと本気で思っているとしたら、それは経営者失格です。一方的にすがられるA子さんにはなんの責任もないのです。

厳しい結論です。

もし、潰れたら罪悪感に苦しむかもしれません。

でもね、A子さん。もし、あなたがこのまま、故郷で兄のサポートに入ったら、感じるのは罪悪感ではなく、苛立《いらだ》ち、怒り、絶望、後悔、などです。罪悪感の比ではないのです。そんな日常を送ればあなたは不幸にしかならないと思います。

故郷に帰らなくても、罪悪感を感じる必要は全くないのです。声を大にして何度も言います。A子さんが自分の人生を犠牲にしなかったからといって責《せ》められたり、罪悪感に苦しむ理由なんか何もないのです。

聡明なあなたは分かっているでしょう。ただ、決断するだけだと思います。

相談9

4歳の娘が可愛《かわい》くありません。怒鳴《どな》ったり、手をあげたりする前にお知恵を貸して下さい

41歳・女性 ごんつく

4歳の娘がいます。最近、娘が可愛くないのです。というのも、娘が自分勝手で我《わ》がままだからです。例《たと》えば、お昼はパンが食べたいというからパンを買ってきたら「もう食べれない」、夜はカレーがいいというから作ればやはり「もう食べれない」。そして「ママの料理で好きなものは?」と聞くと「ポテトチップ!」。それは料理じゃない（笑）。私は貴女《あなた》にどうしてあげたらいいの?と爆発しそうです。言葉遣い悪く言うと「キレそう」です。

今までずっと、キレもせず、怒鳴ったり手をあげたりもしませんでしたが、そのうちきっと爆発して怒鳴ったり手をあげたりするかも知れません。そうなる前に、鴻上さん、お知恵を貸して下さい。お願いします。

ごんつくさん。本当に大変ですね。ごんつくさんの悩みに、「私もそうなの！」とうなづいている母親は多いと思います。

相談内容だけですから、ごんつくさんの生活はまったく分かりませんが、4歳の娘さんに対して「最近、娘が可愛くないのです」と書くということは、短時間の細切れ睡眠で苦労した授乳時期や、「魔《ま》の2歳のイヤイヤ期」は、なんとか乗り越えたということなんでしょうか。

そうだとすると、「自分勝手で我がまま」と娘さんに感じるということは、「子育ての苦労」というより「子供とのつきあい方の苦労」ということになります。

それとも、たまりにたまったストレスが、この時期に爆発しそうになっている、ということでしょうか。

「子供には理屈が通じない」とよく言いますが、0歳からイヤイヤ期までの「理屈の通じなさ」と、ごんつくさんが直面している4歳児以降の「理屈の通じなさ」は、違うんじゃないかと、僕は思っています。

0歳からイヤイヤ期までは、「理屈が通じないこと」が当り前の時期です。

通じなくて苛立《いらだ》ちますが、諦《あきら》めも生まれます。通じないことそのものを嘆《なげ》いても、しょうがないからです。

でも、4歳児以降だと、相手の振り回す未熟な理屈に、ふっと子供と同じレベルで怒っていたりします。自分で「大人げない」と感じてしまう瞬間です。

この時期の方が「子供に理屈は通じない」ということの理不尽《りふじん》さは強いと感じます。なまじ、相手が中途半端《ちゅうとはんぱ》な理屈を語ろうとするので、余計、怒りが強まるのだと思います。

赤ん坊の時の方が、じつは理不尽なんですよね。こっちの都合に関係なく、泣いて、お腹空《す》かせて、むずかって。でも、どんなに疲れ切って苛立っても、0歳児の娘を「自分勝手で我がまま」とは思わないんですよね。赤ん坊はそういうものだと思ってますから。

でも、4歳になって、なまじ言葉が通じ始めると、相手に自分と同じレベルの理屈が通じると思ってしまうのですね。そして、理屈が通じない理不尽を経験するのです。

でね、ごんつくさん。

「娘にどう接するか」をアドバイスする前に、いくつか確認したいことがあります。

「理屈が通じない」理不尽に直面した時に、それを乗り越えるには、まずエネルギーが必要です。そして、エネルギーはちゃんと寝ないと生まれません。

ごんつくさん、ちゃんと寝てますか？

ごんつくさんが働いているのか、シングルマザーなのか、父親がまったく子育てに協力してくれないのか、分かりませんが、まず、ちゃんと寝ることが必要です。

シングルマザーだとしても、娘さんが一人で4歳なら、それなりに寝られると思います。なによりも、0歳からイヤイヤ期を乗り越えてきたんですから。

そして、理不尽を乗り越えるためには、ちゃんとした睡眠と共に、精神的余裕が必要です。

精神的余裕は、まず、ごんつくさんが一人になれる時間を確保しているかどうかです。

娘さんを預けて、ちゃんと一人になれる時間がありますか？　もし、そんな時間がないのなら、公的サポート、家族、友人、民間サービス含めて、なんとか方法を見つけて下さい。

そして、もうひとつ。精神的余裕は、ごんつくさんの悩みを理解してくれる人と話さないと生まれません。

僕は演劇の演出家をしていて、理不尽な要求と出合うことがあります。例えば、物語と関係なく、「金と銀のスパンコールのついた真っ赤なドレスを絶対に着たい」なんていう俳優さんの要求です。

どんな演出にするか、どんな衣裳《いしょう》プランにするか、装置《そうち》の色はどうするか、なんてことを考える前に、俳優さんの都合で一方的に宣言されるのです。

ものすごく理不尽ですが、その俳優さんがスターだったりすると、引き受けるしかなくなります。そういう時、一人で悶々《もんもん》としていると、精神衛生上、よくないです。

こういう時は、プロデューサーとか演出助手とかと「やってられませんねえ」とか「あの俳優さん、こんなことやっていたらやがて仕事なくなるよねえ」とか「もっと理不尽な要求した俳優さん、知ってます」なんて会話をすることで、精神のバランスを保つのです。

苦労しているのが自分だけじゃないと分かると、人間はなんとかやっていけるのです。

ごんつくさんには、自分の娘さんの理不尽さを語れる相手はいますか？　いなければ、すぐにつくりましょう。夫や母親がいなかったり、話せなかったりするなら、話せる誰かを見つけましょう。

今どきは、ネットで同じような環境、悩みを持つ人と出会うことも簡単になりました。インターネットは、悪い面が強調されがちですが、同じ悩みを持つ人を見つけ出して出会うことを可能にした、とても優れたツールです。

さて、ごんつくさん。

まず、ちゃんと寝て、一人の時間を持って、グチや相談ができる相手を見つけて下さい。

そこから、僕の「子供とのつきあい方」のアドバイスが始まります。

それは、「子育てをがんばらない」ことです。

カレーと言われて一生懸命作るから、「もう食べられない」と言われてムカつくのです。

「カレーを一生懸命作っても、また『いらない』と言われるかもしれない」と思ったら、ちゃんと作らなくていいのです。市販のレトルトカレーでごまかしましょう。レトルトカレーを拒否されても、そんなに腹は立たないでしょう。一生懸命、よかれと思ってやったことを否定されるから、可愛く思えなくなるのです。

「私は貴女にどうしてあげたらいいの？」と真剣にがんばってしまうから、理屈が通じない時にキレそうになるのです。

子育ては、「子供を守り、子供の世話をやくこと」ではありません。子育ては、「子供を健康的に自立させること」だと僕は思っています。

子育てに真面目《まじめ》過ぎるお母さんは、例えば、幼稚園や保育園から帰ってきた子供に、「〜しなさい」「〜をやりなさい」「〜はどうなったの？」「〜はどうだった？」といくつもの命令と質問を数分間に連発します。

大人でも、音《ね》を上げます。営業から戻ってきた部下に、数分の間に、要求と命令を連発する上司みたいなものです。社員はどんどん辞めていくでしょう。

ごんつくさん。

安心していいです。未熟な要求を振り回して、理屈になってない理屈を言う時期は、そんなに長くは続きません。今は、「ポテトチップスが一番好きなら、今日のおかずはポテトチップスにしましょう！」ぐらいの軽い気持ちで接することが、娘さんをちゃんと自立に導く道なのです。

4歳にもなれば、「ポテトチップス」と答えた時に、母親がムッとしているなんてことにも気付きます。そして、母親がそうなることが面白いという感覚も出てくるのです。

ですから、ごんつくさん。がんばりすぎず、密着しすぎず、距離を取りながら、娘さんのしたいことを見守りましょう。

もちろん、人間として踏み越えてはいけない一線はあります。それは教えなければいけません。でも、4歳児にとってはそんなに多くないはずです。友達を殴《なぐ》ってはいけないとか、ゴミを道に捨ててはいけないとか、ごはんの前には手を洗おうとか、それぐらいだと思います。

子供の成長は楽しみですが、子供の成長しか楽しみがない、という状態は問題です。それはお互いを不幸にします。

ごんつくさんがそういう状態でないのなら、自分の楽しみも追求しながら、がんばりすぎないで、つまりは、うまく家事や子育てを手抜きしながら、娘さんと接して下さい。

その方がきっとうまくいくと思います。

ごんつくさんから、6年後の後日談

当時、娘はまだ4歳で、また食の細い子でして、保健所からも注意されていたので、私も夫も、どうしたら娘がたくさん食べてくれるだろうと頭を悩ませており、また娘は夫が甘やかし放題であったため、娘と二人きりになる日中は、娘の我がままに振り回されることが多々あり、日々くたくたでした。

友人たちは皆それぞれに結婚し、みな地方へ引っ越してしまっていて、子供もそれぞれいますし、私の愚痴《ぐち》だけを聞かせるわけにもいかず（毎回、愚痴だけを聞かせていたら、友人がいなくなってしまいます）、また私の両親はお恥ずかしい話ですが離婚していて家族はバラバラ、誰かに相談できるような状況ではありませんでした。

鴻上さんが、食事もレトルトでごまかせとアドバイスをくださいましたが、姑《しゅうとめ》から、子供には手をかけた料理を食べさせてやらないとと言われていたので、姑の手前、レトルトのもので済ませるわけにもいかず、鴻上さんにいいことを言っていただけたのにと姑にイラッとしたものです。

鴻上さんのアドバイス、誰かと愚痴を共有すること、眠ること、ひとりになれる時間をつくること、これがなかなか難しく、それでもだましだまし乗り切り、そうこうしているうちに娘は幼稚園に入園したので、ここでようやくひとりになれる時間ができ、趣味の絵を少しですが描けるようになり、眠ければ娘を幼稚園に送りだしたあとに寝て、今は小学4年生になり、「もう食べれない」は言わなくなりました。

相変わらず食は細く、また猫舌《ねこじた》でもありますが、当時のような我がままは言わなくなりました。それでも、風邪《かぜ》ひとつひかず、明るく元気に育ってくれており、このまますんなりと成人してくれることを願うばかりです。

（子供らしく、主食よりもお菓子の方が好きなのが相変わらずで、そこが未《いま》だに困ったところですが笑）

SNSで、鴻上さんと私のやり取りが話題になっていたのは全く知りませんでした（笑）。

他にも、鴻上さんの悩み相談は、更新されると必ず読んでおります。鴻上さんの的確な答え、お人柄、読後、本当に心が軽くなり、ときに癒《いや》されたり、励みにもなり、嫌なことがあっても、鴻上さんのコラムを読むとまた頑張ろうという気になれます。鴻上さんの単行本も毎回買っており、いつでも読めるよう、近くに置いてあります。

鴻上さんのもとへ寄せられる悩みは多岐《たき》にわたっており、鴻上さんも答えるのにさぞご苦労されていることと思います。毎回、本当にお疲れ様です。それでも、鴻上さんにアドバイスをもらいたがっている相談者はたくさんいます。このまま、悩める相談者に、鴻上さんの温かなアドバイスをいただけることを切に願っております。

相談10

恵まれない境遇で育った母をかわいそうと思う気持ちと恨《うら》む気持ちが混在しています

21歳・女性　ナツメグ

両親と同居している、一人っ子の大学生です。母親との関係に悩んでいます。私の母は、母（私の祖母）を幼いころになくし、父親の再婚に伴い叔母《おば》の家で、叔父《おじ》とその子供と一緒《いっしょ》に育てられました。詳細は分かりませんが、叔母家族が母に冷たく当たり、居《い》づらい思いをしただけでなく、大卒直後に結婚を強要されるなど将来まで勝手に決められるも拒否できず、辛《つら》い思いをしていたようです。

そんな母は、自分自身が受けた仕打ちを私に繰《く》り返しているのではないかと感じる場面が多々あります。中学校くらいから母の子育てはじゃっかん常《じょう》軌《き》を逸《いっ》してるのではないかと思っていました。例《たと》えば私自身が通う小学校、中学校、高校から大学まで、ここに行かないと駄目《だめ》だという風に、勝手に決められ、勉強が好きではなかったので、あまり勉強しようとしなかった私も悪いですが、家で勉強しないで遊んでいると、必ず母と殴《なぐ》り合いの喧嘩《けんか》になり、母が包丁を持って、勉強しなかったら殺すと脅《おど》されました。高校に入ってからは喧嘩をすることは少なくなったのですが、大学に入ると今度は進路について口出しが増え、就職活動について有益なアドバイスをくれるわけでもなく、選考が進めば、何のとりえもないあんたが就職できるわけがないと言われ、一方で私が就職活動を怠《なま》けていると、どうして就活を進めないのかと怒られます。私は母の言葉をいつも真《ま》に受けて、落ち込んでしまい、気分を持ち直すのに苦労しています。

きっと母自身が私に対して接するように接され、抑圧されて育ってきたのだろうと思っています。私の母は、どこまでも空気を読むタイプで、目上の人に自分の意志を伝えられず、私のような、自分より弱い人には物申せるようです。

例えば親戚一同に期待されている「気がする」という理由だけで、在宅介護を受けている親戚の面倒を毎日のように見に行き、帰宅すると毎日のように親戚の面倒を見たくない、今日限りで親戚宅へ行くのをやめると言い、翌日にはやっぱり行かないと駄目だと言い、結局親戚の様子を見に行きます。

そんなふうに自分の意志で行動できない母がとてもかわいそうで、どうにかしてあげたいという気持ちと、私の人生にネガティブな影響を与えてきた母を恨む気持ちと、こんな人に人生壊されるわけにいかない、もっと強くなりたいという気持ちが混在しています。私はどうすればいいのでしょうか？アドバイスをよろしくお願いいたします。

ナツメグさん。大変でしたね。苦労していますね。よく、相談してくれました。

僕の今までの回答をナツメグさんが読んでいるのなら、僕がなんて言うか、ナツメグさんには想像がついてるんじゃないですか？

僕の答えは、ひとつです。

お金をためて、一刻も早くナツメグさんが家を出ること。これ以上、お母さんと同居するのは、お互いにとって不幸でしかないと思います。

ナツメグさんは優しい人ですね。「自分の意志で行動できない母がとてもかわいそうで、どうにかしてあげたいという気持ち」がちゃんとあります。

でも、同時に、「私の人生にネガティブな影響を与えてきた母を恨む気持ち」もあると、正直に書いています。

そして、「こんな人に人生壊されるわけにいかない」というしっかりとした気持ちもあるのです。

ナツメグさん。あなたはとても聡明《そうめい》に育ちました。

お母さんが自分を持て余し、大人になったのに大人になれず、自分の感情に振り回される結果、あなたは先に大人になるしかなかったのです。

お母さんは、たぶん、自分自身のことが大嫌いだと思います。思春期の一時期、自分のことが嫌いになることは、珍《めずら》しいことではありません。でも、それがずっと長く続くのは、とても不幸なことです。

ナツメグさんが分析しているように、お母さんの育てられ方が今のお母さんを作ったのでしょう。

そうやって、ナツメグさんは相手の事情を考え、自分の何が悪いのかと反省し、自分に何ができるのかと考えることを学びました。

それはまぎれもなく、お母さんのおかげです。そのことには、深く感謝しましょう。

これは、皮肉で言っているのでもなく、「親子の情は深い」なんて意味で言っているのでもありません。

でも、同時に、「子供は母親のそんな事情を考えたり心配する義務はない」のです。好きで賢《かしこ》くなったのではない、自分が自分であるために、落ち込み続けないために、賢くならざるを得なかったのです。

だからね、ナツメグさん。もう、お母さんとあなたはお互いさまで、あなたがもう、母さんのことをかわいそうだと心配することはないのです。

お母さんの問題はお母さんの問題であって、あなたの問題ではありません。あなたが解決しなければいけない問題ではないのです。子供であるあなたに母親を成長させる義務はありません。

そんなことは、ナツメグさんはじつは、頭では分かっていますね。

ナツメグさんは、「もっと強くなりたい」と書いています。その気持ちはよく分かります。けれど、子供が親より強くなることはとても難しいです。そんな戦い方をしては、ナツメグさんが潰《つぶ》れます。

だから、ナツメグさん。あなたは、お母さんが決してやらなかった行動を取りましょう。それは、母親の意見を無視して家を出ることです。一人で生活を始めることです。

もちろん、お母さんは大反対するでしょう。あなたがあなたの人生を自分の決断で選ぼうとしているのです。それはお母さんがやりたくてもできなかったことです。

家を出るのは早ければ早いほどいいと僕は思っています。バイトをしながらお金をためるのに時間がかかるなら、友達に借りてでも、部屋を友達とシェアしてでも、恋人がいるのなら恋人と一緒でもいいと思います。

あなたのお母さんはとても強烈なので、家を出ることをようやく許しても、ひんぱんにあなたの部屋にチェックに来るかもしれません。

もし、お母さんが、何度もあなたの部屋に来て、「生活がなってない」とか「だらしない」とか否定の言葉しか言わないのなら、その時は、次のレベルの接し方に進むしかないと僕は思っています。

それは、しばらく母親との距離を置くことです。

つまりは、なんらかの方法で母親となるべく会わないようにするのです。どんなに求められても部屋の鍵を渡さないのはもちろんですが、「今日は忙しいから会えない」とか「今日は友達の家に泊まるから部屋には帰らない」とか、とにかく、なるべく会わないようにします。

そして、就職した後は、新しい家の場所を伝えないという方法もあります。電話に出て会話するかどうかも考えましょう。

ナツメグさん。どうですか？　これが僕のアドバイスです。聡明なあなたはこの結論が一番いいと思っているんじゃないかと僕は感じます。

それから、家を出る日に、長い手紙を書くことをお勧《すす》めします。責《せ》める文章でも悪口の文章でもなく、例えば、この人生相談で僕に書いてくれた文章です。こんな気持ちだったから、私は家を出たとお母さんに告げるのです。

あなたのお母さんが少し大人なら、黙って読んで心に納めるでしょう。

「違うの、あの時はこうだったの。この時とその時はね～」とすぐに反論の電話がかかってきたり、直接、会いにきたりしたら、母親とちゃんと話せる日はまだまだ先になるということです。

でも、悲しむことはありません。ナツメグさん。あなたの未来は、家を出る瞬間から始まるのですから。あなたはあなたの人生を生きるのです。

家を出る日が、あなたの人生が本当に始まる日なのです。

相談11

今年入籍をしたばかりの妻が、酒を飲むと暴言をはきます

30歳・男性　カッツェ

今年入籍をし、同居を開始しました。周囲から「新婚さん」とひやかされますが、早くもしんどさを感じています。理由は、酒に酔ったときの妻の苛《か》烈《れつ》な暴言にあります。

日頃は笑いの絶えない良い夫婦だなと居心地のよさを感じていますが、酔ったときに時折《ときおり》、彼女が突然怒りを爆発させ、どんな謝罪や弁解にも耳を貸さず、ただただ私をなじる時間が続くのがたまらなく苦痛です。

爆発のきっかけはその時々で違います。過去の交際相手に浮気されたから私のことも信じられないとか、過去に経済的に苦労して生きてきたから私の金銭感覚を疑うとか、彼女が自分の過去という色眼鏡《いろめがね》を通して私を見たとき

の日常の不信や不満が蓄積《ちくせき》され、暴発《ぼうはつ》するようなのです。

私は妻に激情のまま怒るということをしたことがなく、初めて暴言を浴びた一夜は「キモい」だの「お前と結婚して失敗だった」だのと指輪まで突き返され、ショックで家を出ました。しかし更《さら》に恐ろしいのは翌朝です。本人は暴言の詳細を半分以上忘れ、「ちょっと言い過ぎた」くらいの認識で少し謝罪して仲直りできるものと思っていたのです。

暴発と話し合いを何度か繰《く》り返し、一時は離婚も真剣に考えましたがお互いに反省し、今は「お酒をしばらく控《ひか》える」ことを守ってもらい平穏に過ごしています。しかし、元々大の酒好きなのに禁酒を強《し》いるのが申し訳ない気持ちと、お酒はトリガーに過ぎないので根本的《こんぽんてき》な解決に至っていないのではないかという不安から、今もどこか落ち着かない毎日を送っています。

巷《ちまた》の鬼嫁エピソードを読むと「こんなのかわいいもの」と言われる気もしますが、私が妻と向き合えていないのか、酒の問題なのか、解決の糸口を見つけきれず悩んでいます。

カッツェさん。大変ですね。

その後はどうですか？　奥さんはお酒を控えて、無事に生活していますか？

お酒は人を変えるとも、お酒は、その人の本心をさらけ出すとも言いますね。

僕は、お酒は人を変えるのではなく、その人がふだん抑《おさ》えていることを解き放つと考えています。

日常は、自制心とか理性とか意志の力でコントロールしているのに、その抑制がお酒によって麻痺《まひ》するということです。

結果、「ああ、この人は、じつはこういうことを考えているのか」とか「こういうことをしたい人だったんだ」と分かるわけです。

ただし、ふだん、ものすごく自分を抑制していると、タガが外れた時、爆発的な発言や行動をすることもあるだろうと思っています。

あまりにも、日常、自分を抑えていたり、考えていることと正反対のことをしていたりして、ストレスがものすごく溜《た》まると、お酒の力を借りて爆発してしまうのです。

「自分が本当に思っていたこと」というより、それが拡大、過激になってしまった言葉や行動です。あまりのストレスに、過激な表現をしないと納得できなくなるのです。「殴《なぐ》りたい」と思っていても、「殺したい」と言わないとスーッとしないというようなことです。

奥さんは働いていますか？

もし、働いているのなら、何かそこで激しくストレスが溜まることがあるのではないですか？

もし、働いてないか、職場は平穏なら、今まで生きてきた人生に、いまだ癒《い》えず、かかえきれない何かが心の奥底にあるのではないでしょうか？

または、カッツェさんとの関係に関して、言いたくても言えない何かがあるのでしょうか？

いずれにしても、奥さんは何かを激しく抑えているからこそ、お酒の力を借りて爆発しているのではないかと、僕は考えます。

「元々大の酒好きなのに禁酒を強いるのが申し訳ない気持ち」と書かれていますが、奥さんがお酒が好きなのは、ふだん、自分が言えない気持ちをお酒の力を借りて言えるから、という理由も大きいと思います。

「本人は暴言の詳細を半分以上忘れ、『ちょっと言い過ぎた』くらいの認識で少し謝罪して仲直りできるもの」と思っているということは、今まで、そうやってストレスを発散し、生きてきたという可能性が高いと思います。

奥さんは、そうやって、抑圧された人生を生き延びてきたのです。

言わなければいけない時に言わないで、後々、爆発して心の帳尻《ちょうじり》を合わせる方法です。面と向かって言いにくいことを言うのは激しいストレスです。そこをスルーして、関係のない夫で爆発するのは、一種の楽《らく》な生き方です。人間は、楽な方法を見つけると、それを繰り返してしまうのです。

奥さんの爆発を録画して、見せたことはないですか？

あなたはこんなことまで言っているのだと知らせることは、爆発の大きさを本人に知らせることになります。それは本人にとって、自分の抑圧を自覚する、とても有効な方法です。

カッツェさんの対応は素晴らしいと思います。

夫婦は、他人が一緒《いっしょ》になるのです。

予測のつかないことが起こるのは当り前です。価値観が違うのも当り前です。そういう時、やることは、話すことです。話すことしかないと言ってもいいです。

よく離婚の理由で「価値観の違い」という言葉が出てきますが、他人同士なのだから「価値観が違う」のは当り前だと僕は思っています。

重要なことは、「価値観が違う」ということを前提《ぜんてい》に、関係を続ける意志があるのか、ないのかということです。

そのためにも話すことです。話すことでしか、関係を続けるのか終わらせるのかを決めることはできないのです。

今は、禁酒が続いているのですよね。ということは、アルコール依存症ではないと考えられます。

けれど、いつ、またお酒を飲んで、再爆発があるかもしれないと落ち着かない気持ちになるのはよく分かります。

カッツェさんが言うように、「お酒はトリガーに過ぎないので根本的な解決に至っていない」ということは明らかでしょう。

カッツェさんが、奥さんのことがまだ好きで、そして、これからの生活を続けたいと思っているのなら、いったい、奥さんは何を我慢し、なぜ自分の感情を抑えているのかを、とことん話すしかないのです。

「何かストレスがあるのか？」というような話をしたことはありますか？「どうしてそんなに溜まっているの？」というような質問です。

もし、まだなら、とにかく聞いてみて下さい。

そこで、奥さんが重い口を開いてくれれば、希望はあると思います。

生き方が下手《へた》なのか、何か深い心の傷があるのか、今現在大変な難題を抱えているのか、カッツェさんに何か言いたいのか。

もし、奥さんが「自分は何も我慢していないし、何も抑圧していない」と本気で言ったら、事態はとてもやっかいなことになります。

または、もうそういう質問はしていて、「べつにそんなことは何もない」と答えていた場合です。

一度や二度の質問の答えではないですよ。

何度も何度も話し合って、それでも、「何もストレスはない」と奥さんが本気で答えた場合です。

僕はそれでも、例《たと》えば、二人で心療内科《しんりょうないか》などのカウンセリングを受けることをお勧《すす》めします。

どこまで話し続けるかは、カッツェさんがどれぐらい奥さんを愛しているか、どれぐらい二人の生活を続けたいと思っているか、で決まるでしょう。

どうか、カッツェさん。

ここまで話したのですから、もう一度、とことん話し合ってみて下さい。

関係を続けるにしろ、終わらせるにしろ、とことん話し合うことしか方法はない、と僕は思っているのです。

そして、とことん話し合えば、どんな結論になっても、受け入れることができるだろうとも、思っているのです。

カッツェさんから、6年後の後日談

〜　鴻上さんは、妻の奥底にある行動や思考の原理を推察してくださり、妻の立場に寄り添ったご助言をくださいました。本当にありがとうございました。

（まさに仰《おっしゃ》る通り、妻はこうやって生き延びてきたのだよなと思ったものでした）

日常に恐怖を感じることはあっても、好きで結婚した相手に憎《にく》しみを抱くまでではなかった当時の私は、「トコトン話すしかない」というシンプルなご提案に、一縷《いちる》の希望を見出《みいだ》したことを覚えています。

ただ、その後の私たちの結末をご報告させていただきます。結局妻は隠れて飲酒していたことが発覚し私との話し合いで、お酒を解禁する代わりに心療内科に通うことを承諾《しょうだく》しました。

しかし心療内科通いは数回で終わり、その後も暴言癖はおさまらず、今度は私が（よくないのですが妻に隠れて）心療内科に通うようになりました。

その後も色々あり最終的に私の方が離婚を決意したものの、激昂《げきこう》としおらしい反省を繰り返す妻に精神的に参り、最後は弁護士を立てて協議して、離婚に至りました。おかげで心の平穏は取り戻すことができましたが、

「トコトン話すしかない」

というご助言を守り切れなかった点は、恥ずかしく思っています。

元妻は経済的に厳しい家庭で育ち、辛くても甘えられない境遇でした。大学の学費も奨学金やアルバイトですべて自分で工面《くめん》した話を滔々《とうとう》と聞いたときは、自分の恵まれた境遇になんだか罪悪感を感じました。

これまで交際相手や職場の上司など、周囲から納得できない理不尽な思いを感じたときは、全部自分ひとりで闘ってなんらかの決着をつけたきたような人でした（その自負もあったようです）。

そんな「自立した姿」を最初は素敵だなと思って結婚したわけですが、あとから思うにそれは自立ではなく鴻上さんが仰る「今まで生きてきた人生に、いまだ癒えず、かかえきれない何か」があったのでしょう。

それを私が一緒になって解きほぐし、癒《いや》し、支えることができたなら、夫婦関係もまた違ったかもしれませんが、私が耐え切れず、寄り添いきれませんでした。その点は、元妻に対して本当に申し訳ないと思っています。

最後になりますが、その後の私は、別の方と出会って再婚しました。自然体で穏やかに過ごせる今の結婚生活にはとても幸せを感じてます。

鴻上さんのほがらか人生相談は今もサイトで楽しみに拝見しています。年相応に人生に悩みは尽きないもので、ひょっとしたらまた投稿をお送りすることもあるかもしれません。

その際は、どうか寛容な御心で、ご助言をいただければ幸いです。

相談12

高校時代の友人A子から絶交されました。A子のためにと言ってきたことが恨《うら》まれていたのです

28歳・女性　さやか

高校時代からの友人に絶交されました。友人は家庭環境に恵まれておらず、両親の愛情を感じられないようで、高校時代からとても辛《つら》いと言っていました。でも、いつもなるべく話を聞いて解決できるよう言葉をかけてきたつもりで、大学が別々になってからもずっと続く友達だと思っていました。

でも友人は違いました。大学生、社会人になるにつれ、だんだん連絡が薄くなっていったというか。でも時々メールで連絡はとっていました。最近、久しぶりに会おうよと誘って、夕食をいっしょに食べたのですが、近況などを聞いているうちに、なんかちょっと友人の雰囲気がおかしいなと。そしたら翌日、ラインに「あなたとは絶交します、もう二度と私に関わらないで」

と入っていたのです。驚いた私は電話をかけたり、ラインで理由を何度も聞いたのですが、返事はきませんでした。1週間ほどして、メールが届き、思いもよらないことがたくさん書いてありました。

結局、「さやかはいつも上から目線で、話したくもないのに人の家のことか根掘《ねほ》り葉掘《はほ》り聞いてきて高校時代から苦痛だった、とくに『子どもを愛さない親なんているわけない、A子の思い込みだ』という言葉にどれだけ私が傷ついたか。さやかの家柄《いえがら》自慢も、もうんざり。独《ひと》りよがりのアドバイスで親友のふりをされても迷惑だから、二度と連絡してくるな」という、本当にA子が書いたのか、というきつい内容のメールでした。

私はこんなふうに思われていたなんてと驚き、家柄自慢なんてしたつもりはないのにと、ショックでした。時に厳しいことも言ったかもしれないけど、A子のためと思って言ってきたことが恨まれる事態になっていたのです。

いつも相談者の悩みに的確で優しいアドバイスをしている鴻上さんをスゴイと思います。私はなにがいけなかったのか、わかりません。どうしたらA子に私の真意を理解してもらえるでしょうか。人の相談にはどうのるべきだ……ったのでしょうか。

さやかさん。混乱していますね。確かに、よかれと思ってやってきたことがうまく届かない時は悲しいですね。人のことを思い、良い人生を送って欲しいと、さやかさんは思っているんですよね。

とても優しい人だと思います。

でも、よかれと思ってアドバイスすることは簡単なことではない、ということを言いますね。うまく、この意味がさやかさんに伝わるといいのですが。

まず、さやかさんは「人の相談にはどうのるべきだったのでしょうか」と書いていますが、高校時代から最近まで、相談は、いつもA子さんから来ましたか？　それとも、A子さんが苦しそうだから、さやかさんの方から「どうしたの？　何があったの？」と話しかけましたか？

どっちの方が多かったですか？

A子さんが「さやか、相談に乗ってくれない？」と言って話しかけてきた回数と、「A子、どうしたの？　なんでも聞くよ」とA子さんに話しかけた回数、どっちが多かったですか？

ひょっとしたら、さやかさんの方から「どうしたの？　何があったの？」と話しかけた回数の方が多かったんじゃないでしょうか。

それがなにか問題なのと思いましたか？　僕は、それはとても重要な問題だと思っているのです。

もちろん、さやかさんは、A子さんの状態を心配して声をかけたんですよね。顔色が悪かったり、悲しそうだったりしたら、何があったか、自分に何ができるか知りたくなりますからね。

でもね、悩みごとについて、自分から事情を説明しようと思うことと、周りから説明を促《うなが》されて話すことは、大きく違います。

僕は、今、たまたま人生相談のアドバイスをしていますが、日常からこんなことをしているのではありません。

誰かと一緒《いっしょ》に飲みに行って「何か相談ある？」なんてことは絶対に言いません。そんな人はうっとうしいじゃないですか。相手の顔色があんまり悪かったら、「どうしたの？」とは聞きますが、相手が何も語りたくないようなら、そこでやめます。それ以上は踏み込みません。たとえ、どんなに親しい友人でも、です。

そして、「相談があるんだけど」と言われた場合だけ、相談に乗ります。相手が話す気持ちになってないのに、「話してみて」「相談に乗るよ」「何でも言って」と言うのは、相手を苦しめることになると思っているのです。

だって、話すということは、自分の苦しみをもう一度確認することです。やっかいな状況と向き合うことです。それは、ある程度の精神的強さがないとできません。

その精神的準備が整ってないのに、「話して」と促されて話すのは、とてもつらいことです。ですから、僕は相手が話したくないようなら、深追いしません。

ま、簡単な言葉で言えば、「余計なお世話」はやめようと思っているのです。

そして、アドバイスをしても、それを最終的に実行するかどうかは、本人の問題だと思っているのです。

僕は、さやかさんの文章の「いつもなるべく話を聞いて解決できるよう言葉をかけてきたつもり」や「時に厳しいことも言ったかもしれないけど、A子のためと思って言ってきた」という表現が気になります。

「なるべく話を聞いて」あげることは素敵《すてき》なことですが、「解決できるよう」にというのは、本人の問題です。どんな解決策を選ぶか、何をもって解決とするか、そもそも解決したいのか、話を聞いて欲しいだけなのかは、A子さん本人が決めることです。

また、「厳しいことも言う」のはアリですが、「A子のためと思って」という表現は、僕には少し過剰《かじょう》なお節介《せっかい》を感じます。無理解な親は、いつも「あなたのためと思って」と言いますからね。

「不幸な人がいたら、話を聞いてあげて、一緒に解決策を考える」ということを、さやかさんは当り前だと思っていますか?

でも、それは、不幸な人に「接する人」側から見た当り前で、不幸な人側の当り前ではない可能性が高いのです。「不幸な人は、自分を不幸な人だと思われることが嫌で、一緒に解決策を考えて欲しいなんて求めてない」なんて場合もありますからね。

さやかさんは、「家柄自慢」をしたつもりはないと思います。でも、立場が違えば、ただ事実を語っただけで自慢と取られます。だって、プロポーション抜群の人が自分のサイズを、太っている人の前でただ語るだけでも、自慢していると思われるでしょう。

体型にコンプレックスを感じている人の前で、どうしてもサイズを語らないといけない特別な事情がない限り、それは自慢だと取られます。

「子どもを愛さない親なんているわけない、A子の思い込みだ」という言葉は覚えていますか？ そんな言葉を言った記憶がない、と書かれてないということは、言ったということでしょうか。

残念ながら、子どもを愛さない親はたくさんいます。『ほがらか人生相談』にも、そういう親の問題は多く寄せられます。親だから子どもを愛して当然というのは誤解です。

もし、「独りよがりのアドバイス」というものがあるとすると、それは、相手の事情を想像しないまま、自分の当り前だけを前提《ぜんてい》にするアドバイスのことです。

さて、さやかさん。

ここまでの文章を読んで、「A子は、私が『どうしたの？』と聞いたら、いろいろと話してくれた、とても嫌がっているようには見えなかった」と、思ったでしょうか。

内心、嫌だと思いながら、それでも相手に頼って話してしまうことはあります。

僕は、39歳でロンドンの演劇学校に留学した時、「英語の戦場」で本当に苦しい思いをしました。

授業中より、休み時間が地獄でした。二十歳前後の若者の口語で早口の英語は、大部分が分かりませんでした。それでも、留学して半年ぐらいはなんとか食らいつこうとがんばりました。最初は、クラスメイトも気を使って、ゆっくり言ったり、簡単な言い方をしたり、繰《く》り返したりしてくれましたが、やがて、かまわなくなりました。

だんだんと、休み時間、独《ひと》りでいることが多くなりました。そこで休んだり仮眠を取ったりして、集中力を回復させて、授業に使おうとしたのです。

でも、そうすると、淋《さび》しくなります。誰かに話しかけて欲しくなります。複雑な議論はできなくても、「調子はどうだい？」とか「ランチは何を食べるの？」なんてなにげない会話がしたいと心底思うようになります。

そんな中、クラスメイトであるイギリス人男性が時々、話しかけてくれました。

ですが、彼には「かわいそうなアジア人をなぐさめている」という雰囲気がありました。イギリスの中流階級出身の白人として、クラスで唯一《ゆいいつ》のアジア人を心配しているという匂《にお》いでした。

別に自慢げとか偉そうな態度を取っていたわけではないです。彼の名誉のために言っておけば、彼はとても優しい人でした。だから、話しかけてくれたのです。

でも、どこか、「かわいそうなアジア人には優しく接しよう」という意識を感じました。それは、無意識の優越感だと思います。

本人に言っても、キョトンとしたまま、「だって、君はかわいそうだから」

と答えるような雰囲気でした。

さやかさん。僕は生まれて初めて「人間として見下されるとはこういうことか」と感じました。

でもね、それでも、話しかけられることは嬉しかったのです。淋しさが紛《まぎ》れるから、たとえ、見下されていると感じていても、独りぽつんと中庭のベンチにいる僕に声をかけてくれることは嬉しかったのです。

これは、強烈な体験でした。あきらかに「かわいそう」と見下されている相手からでも、話しかけられると嬉しいという感覚。生まれて初めて経験する、予想もつかない感覚でした。

そして、すぐに、日本で例《たと》えば、道に迷っている目の不自由な人に「どうしました？」と話しかける時、僕には無意識の優越感がなかったのかと考えました。

お年寄りに話しかける時、ハンディキャップを持った人に話しかける時、対等な関係ではなく、「あなたを守りますよ」という無意識に見下す意識がなかったのかと。

たぶん、あったんじゃないかと思いました。

さやかさん。僕の言いたいことが分かるでしょうか？

「私にはそんな優越感なんてない」と思っていますか？　確かに、意識的な優越感はないと思います。

でも、「かわいそう。何かしてあげたい」と思うことは、とても気をつけないと相手を無意識に見下すことになるのです。

おそらく高校時代のA子さんは、ロンドンの時の僕のように、「見下されていると感じるけれど、話しかけてくれて嬉しい」という状態だったんじゃないかと思います。

そして、高校を卒業し、大学を経験し、社会人になって、対等に話してくれる人とA子さんは出会ったのでしょう。自分のことを不幸な家庭の出身で「かわいそう」だと思わない、アドバイスをしないといけないと思わない、身構えない人と知り合ったのでしょう。

だから、もうさやかさんと話したくないと感じたのだと思います。それを二人で夕食を食べながら確認したのです。

相手を「かわいそう」と思った段階で、対等な人間関係は結べないと思います。「あなたのためにしている」と思った場合も同じです。

さやかさん。きつい言い方になったでしょうか。さやかさんが優しい人だということは明らかです。そして、幸福な家庭で育った人だということも。A子さんのことを本当に心配していることもよく分かります。

でも、これからは、「相談があるの」と言われない限り、自分から「根掘り葉掘り」聞くことはやめた方がいいと思います。そして、アドバイスしても、それを採用するかしないかは、相手が決めることだと思った方がいいです。

蛇足《だそく》なんですが、この無意識な優越感をこじらせた人を主人公に、アガサ・クリスティーが小説を書いています。『春にして君を離れ』という作品です。クリスティーですが、ミステリーではありません。

完璧な母親だと思っていた女性が、旅の途中、ふと自分と娘達との関係、夫との関係に疑問を持つ話です。

蛇足ですから、無理に読む必要はありません。ただ、さやかさんのような悩みと驚きは、決して、珍しいものではないということです。

A子さんとの関係は、残念ながら復活することは難しいと思います。A子さんは、さやかさんが優しくないとは思ってないのです。そういう意味では、真意は伝わっています。ただ、その優しさの伝え方が嫌だと感じているのです。

でもね、さやかさん。落ち込むことはないと思います。

ずっと先、さやかさんが「対等な人間関係」に敏感になった時に、A子さんと話す機会があれば、また友人関係が復活するかもしれません。

それまでは、A子さんのことを忘れて、さやかさん自身の人生を生きることを勧《すす》めます。対等な人間関係に自覚的になれば、素敵な友人とたくさん出会うと思いますから。

さやかさんから、5年後の後日談

あの当時は、鴻上さんから自分がだいぶ押し付けがましい人間だと言われたようで（そうなのかもしれませんが）、ちょっと受け入れられず、自分の心をたもつのが難しかったです。結局、あれ以降、A子から連絡はきませんし、私からもしていないので、疎遠《そえん》のままです。

ただ鴻上さんのアドバイスどおり、相談をもちかけられない限り、自分から誰かにアドバイスをするのはやめるようにしました。

そのせいか出産を経《へ》てできたママ友とは、仲良くできています。

いまは、A子に会えたら謝《あやま》りたいと思えるようになりましたが、たぶんそんな機会もなさそうなので、彼女の人生が順調であることを祈るのみです。

相談13

発達障害と診断されました。死ぬまで白い目で見られなければならないのでしょうか？

21歳・女性　浅葱

新卒で採用された仕事で毎日ミスばかりしています。

周りと比べてあまりにも単純なミスを何度も繰《く》り返すものですから、優しい職場の方々にも呆《あき》れられてしまいました。業務内容はとても単純なものなのに、自分でもするべき事がわかっているのに、何度も同じミスを繰り返します。今は悪い意味で心が止まってしまっているのですが、4月頃は毎日家で泣いていました。

これはマズいと思い4月の終わりにメンタルクリニックを受診したところ、発達障害だと診断されました。本当は大学の頃からそうなんじゃないかと思ってはいたのですが、クリニックを受診するのにかなりの抵抗がありました。

クリニックではインターネットで受けられるものと同じ問診票《もんしんひょう》を書かされ、5分程度で診断がおりました。

ストラテラ40ミリグラムを処方され4日ほど服用したところ、ミスが結構減り、これでやっと救われると思いました。今まで学生生活やアルバイトでずっと苦しんできたけどこれでやっと終わるんだ、普通の人と同じ生活が出来るんだと思っていました。

でも、4日目以降から、副作用が落ち着いてくるのと同時に効果も感じられなくなってきました。同じようなミスをまた繰り返すようになったのです。自分用のマニュアル作りをする、許される限り残業させてもらうなど思いつく限りのことをしたがダメでした。これ以上もうどうしたらいいのか分かりません。最後の頼みが服薬でした。

人は「一歩ずつ頑張るしかないよ」なんて言うけれど、そんな言葉なんの慰《なぐさ》めにもなりません。頑張っても出来ない、出来る気がしないから悩んでいるのです。

新卒で私と同じように悩んでいる人も居《い》るでしょう。ただ、私とその方達の決定的な違いは、その原因が脳の器質的《きしつてき》なもの（つまり、今後の改善の蓋《がい》然性《ぜんせい》が低いもの）によるかそうでないかというところにあると思います。私は、私の先のなさが悲しくてつらいのです。

日常のミスを書き残したものを眺《なが》めていると、私は知的障害なんだろうか？　とさえ思うようになってきました。学業でそこまで躓《つまず》いた記憶はないのに、どうしてここまで何も出来ないのでしょう。日常会話の流れさえ摑《つか》めないことがとても多いのです。

これから毎日死ぬまで人に迷惑をかけ、白い目で見られながら生きていかなければならないのでしょうか？

転職したってダメな自分が付いてくるのでは同じだし、結婚したくても容《よう》姿《し》も醜いしコミュニケーションスキルも低いです。友達も趣味もお金もなく、生きていて楽しい事が一つもありません。

この絶望を解決する方法が自×《ママ》以外にあるのでしょうか。

薄々《うすうす》死ぬしかないと分かっているのに、いざ死のうとそういう場所に行っても死ねずに帰ってきてしまいます。親の介護、失敗のリスク、死ぬまでの苦しみ。死ぬのは思っていたより難しく、「まあ、無理になったら死ねばいいや」と思うことすら出来なくなってしまいました。

普通の人達は結婚に向けて着々と準備したり、キャリアアップの為《ため》に努力したりしています。私は発達障害という点を除いてもいろいろな部分が壊滅《かいめつ》的《てき》におかしいのだと思いますが、具体的に何がおかしいのかも分かりません。

人生周回遅れのくせにリタイアすることも出来ず、他人に迷惑をかけながらゆっくり坂を下りていくしかない恐怖。どうしたらいいのか、どうかご教授ください。

浅葱《あさぎ》さん。大変ですね。本当に大変ですね。発達障害の専門家ではない僕が、どんな有効な言葉をかけられるんだろうかとずっと考えていました。
『ほがらか人生相談』が本になるタイミングで一冊の本と出会いました。
『発達障害グレーゾーン』（姫《ひめ》野《の》桂《けい》著　特別協力ＯＭｇｒａｙ事務局　扶桑社新

書）は、読まれましたか？

タイトルは「グレーゾーン」ですが、発達障害に苦しむ人達全般を対象にしています。

この本は、僕が読んできた発達障害に関する本の中でも、とても実践的で役に立つ内容だと思いました（僕は演出家として、あきらかに発達障害だと思われるスタッフや俳優と接してきました。ですから、発達障害に関する本をずっと読んできたのです）。

もし、浅葱さんがまだこの本を読んでないのなら、ぜひ、お勧《すす》めしたいと思ったのです（もし、もう読んでいて、それでも何も問題が解決しないと感じるのなら、ごめんなさい。その場合は、僕は浅葱さんにかける言葉がみつかりません）。

読んでないとして、本の内容を紹介しますね。

著者の姫野桂さんも発達障害ですが、こう書きます。

「私も当事者の一人として、もし、これを読んでいる人のなかに発達障害の方がいたとしても、『発達障害だからといって極度に落ち込む必要はない』と言いたい。発達障害は能力の偏《かたよ》りがあるという事実のみで、それ以上でもそれ以下でもないと、個人的には思っているからだ」

もちろん、精神論でこう言っているのではありません。

姫野さんが優《すぐ》れているのは、そして、この本が素晴《すば》らしいのは、発達障害と向き合う人達の様々な試行錯誤《しこうさくご》、対策、生き方をたくさん紹介していることです。

悩んでいるのが自分だけではないと知ることは、生きる勇気になると、これまでの『ほがらか人生相談』で書きました。

この本には、浅葱さんとまったく同じ困難や戸惑《とまど》いを抱えた人が何人も登場します。

発達障害の結果、死にたいと思い詰《つ》めてしまう点も同じです。

学校の勉強はちゃんとできたのに、実社会に出て、戸惑う人達の例が多いです。

「社会に出たとたん、マルチタスクをこなせなかったりケアレスミスが多かったり、人間関係でトラブルを起こしやすかったりして、発達障害の特性が表面化する」ことがあると、姫野さんははっきりと書いています。

浅葱さんの苦しみは浅葱さんだけの特殊な例ではないのです。

都内で大学を卒業後、新卒で入った会社で人間関係に悩み、一カ月で退職した男性は、感銘を受けた一冊の本を紹介しています。

不登校になって15歳でコーヒーショップを構えた体験を綴《つづ》った岩野《いわの》響《ひびき》さんの著書『15歳のコーヒー屋さん　発達障害のぼくができることから　ぼくにしかできないことへ』（KADOKAWA）です。「発達障害を抱えてドロップアウトした人でも、特性を活かせば自分らしく生きられるのだと希望を持てた」と、この本を紹介した男性は話しました。

グレーゾーンの人達を対象にした茶話会「ぐれ会！」に体験参加し、そこで得た感想や対策も、『発達障害グレーゾーン』では紹介されています。

そこで語られる内容は、グレーゾーンの人達だけでなく、発達障害の人達にも参考になることです。

発達障害傾向の人達への就職支援をおこなう福祉サービスの企業も詳しく紹介しています。

また、自閉《じへい》スペクトラム症（ASD）の傾向がある精神科医のインタビューも載っています。

発達障害の専門外来には受診希望者が殺到《さっとう》していて、一カ月分の受診枠が一時間で埋《う》まってしまうということも起こっています。

浅葱さんの診断が5分で終わったのも、医者だけを責《せ》めることはできないでしょう。精神科医、メンタルクリニックの不足が一番の原因だと思います。

それでも、浅葱さんには、粘《ねば》り強く、ちゃんと話を聞いてくれるメンタルクリニックや精神科医を探すことを強く勧めます。

福祉サービス企業で働く男性はこう言います。

「発達障害って決して『発達しない』わけではないんですよ。僕は発達障害当事者の友人などから相談を受けたときに、半分冗談で『30代成人説で、気長《きなが》にやっていこう』などと言っているのですが、ほかの人よりも時間をかけてゆっくり発達していくんだと思ったほうが気楽になれるかもしれません」

苦しんでいるのは、浅葱さんだけじゃない。多くの人達が、浅葱さんと同じ体験をして、けれど、なんとかしようと戦い、踏《ふ》ん張《ば》っているのです。

「私は発達障害という点を除いてもいろいろな部分が壊滅的におかしいのだと思いますが、具体的に何がおかしいのかも分かりません」と浅葱さんは書きます。

著者の姫野さんは「発達障害そのものより二次障害のほうがしんどい」と説明します。発達障害の結果、失敗を重ねて自信をなくして卑屈《ひくつ》になったり、激しいストレスからさまざまな病気になったりする例です。

浅葱さんが苦しんでいるのは、まさに「二次障害」だと思います。

著者の姫野さんは書きます。

「『結局、自分のことを知った後に、どう自分が対処するか』その言葉にすべてが集約されているように思える」

これは、さまざまな発達障害の人達にインタビューし、生き延びるためのライフハックを教えてもらった時に、発達障害の人が口にした言葉です。

僕がアドバイスできるのは、「苦しんでいるのは浅葱さんだけじゃない。すでに、多くの人が苦しみ、そして、自分なりの方法でなんとかしようとしている。決して、独《ひと》りで苦しまないで。孤立しないで。適切な医者を見つけ、仲間を見つけ、共有する情報を見つける。それが、しんどいけれど大切なことだと思います」ということです。

あなたは発達障害の苦しみを知らないから、そんなことが言えるのだと思ったとしたら、その気持ちを共に語れる仲間を見つけて下さい。

苦しい時に、同じ苦しみを語れる誰かがいれば、なんとか生きていけるものです。共に語れる仲間が見つかることを、そして対処するライフハックがたくさん見つかることを心から祈ります。

相談14

隠居《いんきょ》後、孤独で寂《さび》しくてたまらず、風呂に入っていると涙が出てきます

66歳・男性 有閑人

定年退職、嘱託《しょくたく》を経て、今年から本格的に隠居生活に入った66歳です。隠居したら、今まであまり会っていなかった弟たち（弟が2人と妹が1人います）とも食事をしたり、妻とも旅行をしたり、のんびりしようと考えていました。しかし、いざ弟たちに連絡しても忙しいからと何度も断られました。ちょっとおかしいと思い、妹に連絡したら「お兄さん、気づいてないの？みんなお兄さんが煙《けむ》たくて、距離とっているんだよ」と。寝耳に水でした。妹によれば、私が長男で母から優遇されすぎたし、弟たちの学歴や会社をバカにしてたのが態度に出すぎてた、というのです。たしかに私は兄弟のなかでも学歴も会社も一番上で、母の自慢でした。弟たちをみて、不甲斐《ふがい》ないと

思ったこともありましたが、それは私が努力したからです。弟たちにとって私は自慢の兄だろうと思ってきました。弟たちの不甲斐なさをちょっとからかったこともありましたが、兄弟のことです。

思い切って弟に直接電話してたしかめると「姉ちゃんに聞いたんならわかるだろう。兄貴と呑《の》んでもえばった上司と話しているみたいで酔えんから」とつれない返事でした。結局、妻も「旅行は友達と行ったほうが楽しいから」と、私と行こうとはしてくれません。

弟たちの僻《ひが》みも、家族のためにと頑張って出世して養ってきた私に薄情《はくじょう》な妻にも、許せないという気持ちでいっときは怒りでいっぱいになりました。妻が外出しようとしたとき、「食事ぐらい作ってからいけ」と怒鳴ってしまったこともあります。後悔して自己嫌悪《けんお》になりましたが、後の始末です。妻とはさらに距離ができてしまいました。

誰にも言えませんが、最近、風呂に入っていると涙が出てきます。弟たちのことだけでなく、振り返ればとくに心を割って話せる友人もいないことに今さら気づきました。

どうやってこの後の人生を過ごしていいか、お恥ずかしいですが、孤独で、寂しくてたまりません。
いまさら、私はこれからのありあまる時間を、どうしたらいいのでしょうか。どうしたら、弟たちと仲良くできるのでしょうか。楽しい人づきあいのコツはなんなのか全くわかりません。解決法が浮かばず、途方《とほう》に暮れています。

……………………………

有閑人さん。よく、相談してくれました。立派な学歴と優良な会社に勤《つと》めた有閑人さんにとって、自分が弟・妹・妻にうとんじられている、ということを認め、お風呂で泣いていることを告白するのは、とても勇気がいったでしょう。
1冊目の『ほがらか人生相談』相談24で、親身に相談に乗っているつもりだった友人から、「いつも上から目線だった」と言われて、絶交されて落ち込んでいる女性の相談に答えました（この文庫版では相談12）。
自分では世話好きだと思っている女性には、じつはありがちなことだと思っています。相手のことを思っているつもりで、自分の考えを無意識に押しつけている場合です。

そして、男性は、有閑人さんのケースが多いと思っています。女性のようにあれこれと世話をするのではなく、「もっとガンバレ」と説教・激励・指導するパターンです。

勝ち組とまで言わなくても、自分がちゃんとやってきたとそれなりの自信を持っている男性に、この傾向が強いです（女性の場合は、じつは、自分に自信のない人の方が自分の意見を押しつける傾向が強くなると、僕は思っています）。

もちろん、自分はよかれと思ってアドバイスします。女性の場合は、あれこれと相談に乗ったり、色々と世話をしますが、男性の場合は、ただ教訓を語ったり、アドバイスしたり、説教するだけの場合が多いです。だいたいは、ふがいないと怒ったり、強く注意するのです。

根拠は、「自分はちゃんとやってきた」ということですね。自分がちゃんとできたんだから、あなたもしなさい。自分はがんばって努力したから、あなたも努力しなさい。きっとできるはずだ、それができないのは、あなたの努力が足らないからだ、という思考の流れです。

でもね、有閑人さん。がんばってもできないことはたくさんあるのです。僕は小学校から、跳《と》び箱とマット運動、鉄棒が苦手でした。「蹴上《けあ》がり」という鉄棒の技が、体育の課題に出て、三週間ほど放課後、毎日練習しました。奇跡的に何回か成功しましたが、体育のテストの時はできませんでした。

体育の先生は「努力が足らない」と怒りましたが、僕は毎日、１時間は鉄棒にしがみついていました。

「蹴上がり」を楽々と成功させたクラスメイトは、まったく練習なんてしていませんでした。ただ、生来《せいらい》の運動能力の高さとクラブ活動で鍛えた筋肉が、なんの努力もしないで「蹴上がり」を成功させたのです。

人間には向き、不向きがあって、僕はいまだに数字の計算が苦手で、でも本を読んだり文章を書いたりするのは大好きです。

有閑人さんは、「努力していい大学に行くこと」「立派な会社に勤めること」「仕事で結果を出すこと」という価値観で生きてきたのでしょう。そして、その価値観から見て、「努力してない人」「ふがいない人」「能力の足らない人」にアドバイスをしたくてたまらなくなるのだと思います。

でも、それはその価値観だけの基準です。

有閑人さんは、例《たと》えば、釣りをしますか？　有閑人さんに、兄がいて、釣りの名人で、毎週末、一緒《いっしょ》に釣りに行ったとします。そして、有閑人さんの餌《えさ》のつけ方、竿《さお》の振り方、リールの巻き上げ方などに対して、いちいち、注意し続けたとしたらどうですか？　楽しいですか？

間違いなく、「自分はなんのために、兄と一緒に釣りをしてるんだろう」と疑問に思うんじゃないでしょうか？

そこで、兄が有閑人さんの釣りの腕をバカにした後、有閑人さんのように「弟たちの不甲斐なさをちょっとからかったこともありましたが、兄弟のことです」と言ったとしたら、納得しますか？　兄弟だから、ということで許されるとは思わないと感じませんか？

「釣りと仕事は違う」と思いましたか？　でも、価値観は人それぞれです。仕事より釣りが大切な人は、『釣りバカ日誌』のハマちゃんをはじめ、たくさんいます。

もちろん、釣り以外で、仕事や出世より大切なものがある人はたくさんいます。家族だったり、趣味だったり、食べ物だったり。価値観はひとつではないのです。

そして、もうひとつ。仕事が一番大切だと思っているのに、その結果がうまく出ない人も普通にいます。人間には、向き、不向きがあるのです。

毎年、高校野球ではユニフォームを着たまま、ベンチではなく、応援席で叫《さけ》び続ける野球部員がたくさんいます。彼らは、努力をしなかったのか。練習に手を抜いたのか。そんなことはないはずです。彼らも死に物狂いの努力をしたはずです。でも、力が及ばないことは普通にあるのです。彼らに向かって「ふがいない」とか「もっと努力しろ」「ベンチ入りできないお前は恥ずかしい」とは口が裂けても言えないと僕は思っています。本人が自分自身を責《せ》めることはあっても、他人が口にする言葉ではないのです。

世間的な評価が低い会社に就職したことが嫌《いや》だとしても、それを責める資格があるのは、勤めている弟さん本人であって、兄ではないのです。

さて、有閑人さん。有閑人さんは、自分の価値観を強く信じ、それを周りに対して、意識的にも無意識的にも押しつけてきた、それが、弟・妹・妻があなたを避《さ》ける原因になっている、ということは、なんとなく分かってもらえたでしょうか。

でね、有閑人さん。「どうしたら、弟たちと仲良くできるのでしょうか」と書かれていますが、有閑人さんは66歳ですから、弟・妹さんがいくつであれ、たぶん、最長50年以上、そういう関係だった可能性があります。奥さんとも、最長で40年前後ですか。

この長い時間で、彼ら、彼女らには、有閑人さんのイメージがしっかりと出来上がっていますから、関係を変えるのは、かなり困難だと思います。

何度か会って「今まで、偉そうにして本当にすまなかった」とか「お前たちを見下したような言い方をして反省している」と言っても、相手はちゃんと受け止めてくれないと思います。

僕のアドバイスは、「まずは、対等な人間関係を学習しませんか？」ということです。

弟・妹さんと仲良くすることは、いったん、あきらめて、他に人間関係を作るのです。見下すことも、見下されることもない関係の先に、有閑人さんが求める「心を割って話せる友人」が生まれる可能性があるのです。

友人探しには、インターネットに感謝しましょう。趣味のサークルや地域のボランティアサークルが簡単に見つかるはずです。

思い切って、そこに飛び込むのです。

僕に「お風呂の中で泣いている」という勇気ある告白をした有閑人さんですから、できるはずです。

何でもいいのです。興味はあとからついて来るはずです。釣りでも絵画でも社交ダンスでも山登りでもボランティアでも演劇でも読書クラブでも。

ただし、そこで有閑人さんは、「だらしない人」「努力しない人」「ふがいない人」と間違いなく出会います。

有閑人さんは、アドバイスしたくてムズムズするはずです。「どうして周りの人は言わないんだろう」「ちょっと努力するだけで、ずいぶん変わるのに」と。

でも、決して自分からは、相手にアドバイスしないこと。

「それがこの人の生き方なんだ」と思って、言葉をぐっとのみ込むこと。そこで、「あなたはこういう点がダメで～」と言い始めたら、間違いなく弟・妹さんと同じ関係になります。

「だらしない人」「努力しない人」というのは、有閑人さんからの見方でしかない、自分の価値観でしかない、それを他人に押しつけてはいけないと、肝《きも》に銘《めい》じましょう。

「業界の最大ではなく最高を目指す」が目標という会社があります。最大は数字ですから基準は明確ですが、最高は、人によって違うでしょう。本人が何を最高と思うかは、まったく違うと魂《たましい》にまで刻み込んで下さい。そうすれば、簡単に「もっと努力しなさい」と言えないと思います。

奥さんとは、慎重に会話しながら、「無意識に自分の価値観を押しつけてないか」とチェックしてみて下さい。

「家族のためにと頑張って出世して養ってきた」という意識が、奥さんに対しての上から目線になります。これは、有閑人さんからの見方ですからね。

奥さんは、必死で有閑人さんを支えてきたのかもしれません。でも、有閑人さんが、それを当然のこととし、自分が「養ってきた」と思っていると感じたら、やはり、弟・妹さんと同じように、一緒にいたくないと思うでしょう。ちょうど、釣りがものすごくうまくなっても、兄が「俺が教えた」「俺が指導した」と言い続けていたら、絶対に一緒に釣りには行きたくないのと同じです。

でも、奥さんは、有閑人さんの変化を一番、敏感に感じます。なにせ、一緒に暮らしていますからね。

有閑人さんが何かのサークルか集団に入り、そこで「対等な人間関係」を学び、人間の弱さやずるさ、バカさを含めて、「それが人間なんだ」と肯定的《こうていてき》に接するようになったら、奥さんは何かを感じるはずです。

大丈夫。奥さんに怒鳴った後、ちゃんと自己嫌悪を感じる有閑人さんなら変われるはずです。

えっ？　もう66歳だから、変わるには遅すぎると思う？

1冊目の『ほがらか人生相談』相談25で、僕が書いた「前向きになる」方法は読んでないですか？

「自分は、10年先から戻ってきたと思う」

というものです。

有閑人さんは、本当は76歳なのに、奇跡が起こったか、タイムマシンの魔法か、とにかく10年、時間が戻って今、66歳になった、と考えるのです。

どうですか？　66歳を嘆《なげ》く気持ちから、可能性を感じる気持ちになりませんか？

66歳は決して、遅くありません。会社という価値観を外れたことで、有閑人さんは新しい人生をスタートさせたのです。新しい価値観と出会うことは、とてもワクワクすることです。

今までの価値観にしがみつかず、新しい出会いに飛び込んで下さい。

対等な人間関係はものすごく楽しいですよ！

相談15

これまで容姿《ようし》に対する男性の態度・言動に、ひどく傷つけられてきました

25歳・女性　はちな

異性（男性）が苦手です。大抵《たいてい》の男性は女性の容姿によって態度を変えますし、酷《ひど》い人は容姿に関することを直接口にだして言ってきます。お世辞《せじ》にも良いとは言えない容姿の私は、男性のそのような態度・行動にひどく傷つけられてきました。

そうした嫌な経験から男性と喋《しゃべ》るときに「気持ち悪い」と思われているのではないかという被害妄想が膨《ふく》らんでしまい、ひどく気疲れします。また女性の容姿に関する話を男性にされると（酷いときにはですが）思考がまとまらない、体が硬直する、勝手に涙が出てきて嗚咽《おえつ》してしまうなど、身体的にも反応が出ることもあります。

思春期はとうに過ぎているので、自分の容姿に対する諦《あきら》めはついてきているのですが、男性に対しての苦手意識だけは強く残ってしまいました。男性への上記のような過剰《かじょう》な反応によって仕事にも悪影響がでて困っています。また、残念なことに私の恋愛対象は男性なのです。

自分に似た子供が産まれたら可哀想《かわいそう》なので結婚や出産は諦めているのですが、楽しそうに恋愛をしている友人達を見ているとせめて恋愛はしてみたい、と思うのです。

これまでには告白されたこともあるのですが、男性に対する不信感が拭《ぬぐ》えず断ってしまいました。

容姿について男性に何か言われても過剰に反応したくない……一度恋愛をしてみたい……こうした願いを叶《かな》えるには男性に対する苦手意識をなくさなくてはいけないのでは、と考えています。しかし、どうしたらこの根強い苦手意識をなくせるのか見当もつきません。何かアドバイスをいただけないでしょうか。よろしくお願いいたします。

はちなさん。苦労していますね。確かに、無遠慮に女性の容姿のことを口にする男性は多いです。多くの男達は、自分のことを「見る性《せい》」だと思って、女性を「見られる性」だと決めつけています。信じられないかもしれませんが、多くの男達は、「自分は見る側で、見られる側ではない」と思い込んでいるのです。

「見る性」は、通常、見るだけでは止《と》まりません。見たら判断し、ジャッジし、評論し、からかい、揶揄《やゆ》し、断定します。

それが、見ることとワンパックになっている男性が多いのです。「見る性」でも、「黙って見る」とか「判断を心の中にしまっておく」とか「態度に表さない」とかできる男性は少ないんですね。若ければ若いほど、この傾向は強くなります。

もちろん、最近は、オシャレで外見を気にする男性も増えました。そういう人達は、「見られる性」としても自分を意識しています。いつでもどこでも一日中、スマホの自撮りモードで髪形をチェックし続ける若い男性も増えてきましたからね。

でも、多くの男性は「見る性」として、意識的にも無意識的にも育ちますから、見ることが一番の関心事になります。つまりは、女性の外見が一番の関心事になるのです。

そうすると、どんなことが起こるかというと――。

僕は以前、映画や演劇のために子役のオーディションを何度かしたことがありました。未就学児から小学生、そして中学生、高校生までです。

会話をはずませて、場の雰囲気を和《やわ》らげるために、「どんな男の子（女の子）が好き？」と毎回、聞きました。

女の子達は、幼い時は、「楽しい人」と答える人が多く、それがやがて「面《おも》白《しろ》い人」「賢《かしこ》い人」「頼りがいのある人」と、さまざまに変化しました。

男の子は、幼い時はほぼ全員が、「可愛《かわい》い子」と答え、小学生になるとほぼ全員が「可愛い子」と答え、中学生になるとほぼ全員が「可愛い子」と答え、高校生になるとほぼ全員が「可愛い子」と、なんのことはない、ほぼ全員がずっと「可愛い子」のままでした。

僕は男性ですが、さすがに、「成長せんのかい！」と心の中で突っ込みました。

「ただしイケメンに限る」という言い方があります。

もてない男達がヤケ気味《ぎみ》に語る言葉です。どうせ、俺はぶさいくで、イケメンに勝てるわけないだろ。もてないのはしょうがないんだよと、自分を慰《なぐさ》める意味にもなります。

でも、はちなさんを含め、多くの女性は、「イケメンは素敵《すてき》だけど、限ることはない」と思っているんじゃないですか？「イケメンには、そんなに興味ないよ」と言う女性も普通にいます。愛《め》でたり、推《お》したりするのはイケメンでも、恋愛対象は、「イケメンに限ることはない」と多くの女性は思っているはずです。

ではなぜ男達の中で「イケメンに限る」という言い方が広がっているかというと、男達は、自分が外見で女性を判断しているから、女性も同じように外見で判断しているに決まっていると思い込んでいるのです。

どうですか、はちなさん。

えっ？ここまで読んできて、男達があまりにバカだから、男性不信は治るとは思えない？

まあ、はちなさん。もう少し、つきあって下さい。

こういう、「自分は疑いもなく見る性である」「自分は見られる性になるはずがない」と思い込んでいる男達は、簡単に女性を品評します。だって、「見られることの痛み」が想像できませんからね。

若ければ若いほど、この傾向は強まります。そして、残酷《ざんこく》になります。高校生より中学生、中学生より小学生の方が、「見る性」として、〝無邪気《むじゃき》に〟残酷な言葉を語ります。

はちなさんは、25歳ですから、男達が一番、残忍《ざんにん》だった時期の経験が生々しく残っているのだと思います。悪意のないままの残酷な言葉を投げ続けられれば、魂《たましい》まで傷つきます。はちなさん、本当に苦労しましたね。

じつは、この傾向が強い男性は、「髪が薄くなった」だの「服がダサイ」だの「お腹が出てきた」だのと面と向かって言われて「見られる性」にいきなり放り込まれると、激怒《げきど》したり、混乱したり、激しく落ち込んだりします。

「見られること」つまり、「見られて評価されること」に慣れてないので、どうしたらいいか分からなくなるのです（仕事や偏差値で評価されることは大変ですが慣れているのです。それは自分の努力だったり、能力ですから。でも、外見という素材そのものだけをジャッジされるのは本当に慣れてないのです）。

それでね、はちなさん。「見られる性」に強引に立たされるという経験によって、成長する男性がいるのです。いきなり、自分の外見やファッションをさんざん批評されることで、「うむ。容姿を一方的にいろいろと言われることはつらいなあ。ひょっとしたら、俺も同じことをしていたのか」と気付く、ほんの一握りの男性もいるのです。

僕なんかは、「ぶさいく村」に生まれましたから、昔から、外見をジャッジされることにさらされてきました。

合コンでは、外見ですでに、女性達から「戦力外」を通告されました。絶対にホームランを打ってやると多摩川《たまがわ》の河川敷《かせんじき》球場のバッターボックスに立ったら、試合は東京ドームで行われていて、目の前には誰もいなかった、みたいなものです。

さんざん、外見でジャッジされてきましたから、同じことはしたくないと思います。

もちろん、きれいなもの、美しいものは、ぶさいく村出身でも好きです。でも、「見る側」に立って、相手の美醜《びしゅう》を簡単に口にする、容姿によって態度を変えるということと、「美しいものが好き」ということは別です。

「ぶさいく村・心優しき地区」に住む男達は、自分がされたら嫌《いや》だから、美醜を口にし、態度を変えるということをしないのです（残念ながら、「ぶさいく村・復讐《ふくしゅう》地区」に住む男達もいます。この男達は「自分は容姿で判断された。同じことを女達にしてやろう。ざまあみろ」という気持ちです）。

それから、はちなさん。

「可愛い人」しか恋愛対象じゃなかったのに、いろんなきっかけで、容姿以外の魅力に気付く男性もいます。これが一番、多いかもしれません。

年齢を重ねる中で、人はいろんな魅力を発見するのです。

ハンバーグとスパゲッティーとカレーしか美味《おい》しい物はないと思っていたのに、気が付くとウニや牡蠣《かき》の美味しさに感動しているように、違う良さに気付くことも珍《めずら》しいことではないのです。

カップ麺《めん》が一番美味しいと思っていたのに、いろんな種類のラーメンの複雑な味を楽しめるようになることもあるのです。

僕は、はちなさんの「男性不信」をどうにかすることはできません。ただ、男性全体を不信に思うとか思わないではなくて、「男性の中にも、まともな人はいるんだ」ということを分かってもらえたらと思います。

そういう人は、「可愛い人」という好みだけではなく、違う魅力を楽しみ、受け入れられる人です。

ハンバーグとカレーは今でも好きだけど、炙《あぶ》りしめサバとか塩辛《しおから》も好きな人です。

もちろん、味覚が子供のままという人もいるでしょう。そういう人には近づかないこと。そして、ひどいことを言われたとしても、「ああ、この人は『見る性』に安住しているんだな。でも、やがて歳《とし》をとって、髪が抜け始めたり、お腹がどーんと出てきたり、皺《しわ》だらけになったりして、外見をいろいろと言われるようになったら、大混乱したり絶望したり激怒するんだろうなあ。かわいそうになあ。今から『見られる性』に立つことに慣れていた方がいいのに」と、同情と哀《あわ》れみの目で見て距離を取るか、できなければ無視して耳をふさぎましよう。

そして、周りにいる「見られる性であることの痛み」と「見る性であることの残酷さ」を分かっている男性を探しましょう。

大丈夫。間違いなくいます。

彼らは、はちなさんを傷つけません。結果的に傷つけることがあったとしても、彼らは自分がしたことを分かっています。「見る性」だけに立った男性のような、無邪気な残酷さはありません。

そのためにはね、はちなさん。

「自分に似た子供が産まれたら可哀想なので結婚や出産は諦めているのです」という言い方が僕はとても気になります。

この言葉と共にネガティブなエネルギーや諦めの感情が生まれることを心配するのです。

どんなに美人でもイケメンでも、卑屈《ひくつ》な人、マイナスなエネルギーに満ちている人、ネガティブな人の恋愛は長続きしません。

僕達は、みんな苦しい人生を生きています。どんな人もです。なんとか生きるエネルギーを絞り出しているのです。そんな時、「否定だけを語る人」「グチだけを言う人」「マイナス思考の人」は、前向きのエネルギーを吸い取ります。誰が、そんな人の周りにいたいと思うでしょうか。

そういう人は、生きるつらさは教えてくれても、生きる楽しみはくれません。

どうですか、はちなさん。

マイナスのエネルギーに負けてはいませんか？

はちなさんは、「お世辞にも良いとは言えない容姿」と書きながら、「これまでには告白されたこともある」んですよね。

ということは、はちなさんの魅力を分かってくれる人がいたということです。微笑《ほほえ》みましょう。無理せず、頑張れる範囲でポジティブになりましょう。無理と頑張りは違います。無理に微笑んでいる時は、前向きの気持ちより苦痛の方が大きいです。頑張って微笑んでいる時は、苦痛も感じますが、それより前向きの気持ちの方が大きいです。

「自分に似た子供が産まれたら可哀想なので……うんとイケメンと結婚しようと思います！」なんて軽口が言えるぐらいの前向きになるのはどうですか？

作家サマセット・モームの言葉を知りませんか？

「なぜ美人はいつもつまらぬ男と結婚するんだろう？」

「賢い男は美人と結婚しないからさ」

美人の愚《おろ》かさとか中身のなさとかへの皮肉ですね。

そもそも、ネガティブな感情に支配されていると、美人さんはだんだん美人さんではなくなってきます。素材としては美人でも、そう見えなくなるのです。

人間は生きているので、素材と共に精神状態や人柄が顔に出てくるのです。

これは中途半端《ちゅうとはんぱ》ななぐさめではありません。「美人」が素材だけではないからこそ、「雰囲気美人」なんて言葉があるのです。顔の作りでは美人ではないけれど、雰囲気が美人な人は確実にいます。それは、メイクや髪形、洋服だけではなく生きざまや性格を含めた勝利です。

はちなさんの周りにはいませんか？

ですから、素材として「可愛い人」だけじゃなくて、「雰囲気可愛い人」もいるのです。

雰囲気で可愛くなる理由はさまざまです。とても聡明《そうめい》だから可愛く感じるとか、優しいからとか、元気だからとか、とにかく、ポジティブななにかの理由によって、雰囲気で可愛くなるのです。そして、それが女性にとって一番大切だと思っている男性はその人と恋に落ちるのです。

　はちなさん。

　愚かな男達に、これからも、容姿に関しての言葉を浴びせられるかもしれません。でも、それは男達のすべてではないのです。それが男性全体だと思って、男性全員を不信に思ったり、嫌ったりしてはもったいないのです。

　はちなさんの周りにも、ひとつ成長した男達が確実にいるはずです。いないようなら、交遊関係を広げて探して下さい。

　そして、はちなさんの魅力に惹《ひ》かれる男も間違いなくいると断言します。

　えっ？　私にはそんな魅力がそもそもないと思っていますか？

　最後に僕の大好きな谷川俊《たにかわしゅん》太郎《たろう》さんの詩を紹介します。『彼女を代弁すると』という詩です。

　　彼女を代弁すると

「花屋の前を通ると吐き気がする
どの花も色とりどりにエゴイスト
青空なんて分厚い雲にかくれてほしい
星なんてみんな落ちてくればいい
みんななんで平気で生きてるんですか
ちゃらちゃら光るもので自分をかざって
ひっきりなしにメールチェックして
私　人間やめたい
石ころになって誰かにぶん投げてもらいたい
でなきゃ泥水になって海に溶けたい」

無表情に梅割りをすすっている彼女の
Tシャツの下の二つのふくらみは
コトバをもっていないからココロを裏切って

堂々といのちを主張している

……どうですか？　はちなさんは、まだ25歳です。それがどんなに素敵なことなのか。その生命力がどんなに魅力的なことなのか。僕は60歳なのでようく分かります。

微笑みましょう。無理せず、頑張って微笑みましょう。

素敵な恋人が見つかりますように。心から応援します。

（追記。ネットで、この詩に対して、「私には、そんなに主張するふくらみはない」という、自虐《じぎゃく》というか叫《さけ》びのような書き込みがありました。もし、ふくらみがなくても肌の張りがいのちを主張しているのです。）

相談16

「明日からやろう」と思いながら勉強に身が入りません。「いまやるスイッチ」はどうしたら入りますか？

17歳・男性　麦わら

男子校に通う高校生です。悩みは、自分が怠《なま》けものだということです。大学進学も希望していて、勉強しなきゃいけないのに、自分に甘くどうしても勉強に身が入らないのです。

「明日からやろう」「明日こそやろう」と思いながら高校3年になってしまいました。実は高校受験では志望校に入れず、第三志望の高校に入学することになり悔《くや》しい思いをしました。そのときは、高校では猛勉強して希望の大学に行こうと決意していたのです。

なのに、いざ高校に入ったら友達ができて、それはそれで遊びが楽しくなり、家に帰ったらスマホを見ているうちに時間が過ぎています。

だからといって母親に「少しぐらい机に向かえ」と言われるとむかっ腹がたって、ますます勉強したくなくなります。

自分でもダメダメだなと思います。いまの成績では行きたい大学に行けません。また来年に後悔する自分が想像できて、焦《あせ》ります。いまやるスイッチはどうしたら入りますか？

いや、麦わら君。そんな「いまやるスイッチ」の入れ方があるなら、僕が知りたいです。

僕は演劇をやっているのですが、劇場が決まり、公演初日が決まり、稽古《けいこ》開始日が決まり、台本が必要になります。

とっとと書かないといけないのに、なかなか、「いまやるスイッチ」が入りません。

仕事場の机に向かっても、まず、ネットの海をさまよいます。ひどい場合は、3時間も4時間も、ぐだぐだとさまよいます。麦わら君なら分かると思いますが、ネットには誘惑がいっぱいです。面白《おもしろ》動画からエッチ動画まで、そりゃもう、楽しいものすげえもの大笑いできるものまで山ほどあります。

それを断《た》って、台本をいきなり書くなんてのは、人間のレベルを超えています。

平均だと2時間ぐらいはさまよいます。んで、焦り始めます。「いかん、いかん。稽古開始までに台本を書き上げないと、俳優達から責《せ》められてしまう」と正気に戻って、やっと書き始めるのです。

台本執筆中は、これが毎日です。

どうして書き始められるかというと、文句《もんく》を言う俳優やスタッフの顔が浮かぶからです。「ええ!? これだけしか書いてないんですか!」とか「台本がないなら、なにもできないじゃないですか!」と迫ってくる顔が浮かぶから、書き始められるのです。

同時に、台本を書き上げた時の俳優やスタッフの喜ぶ顔を想像することも、原動力になります。ネガティブな想像もポジティブな想像も、それがリアルにイメージできれば、僕の背中を押してくれるのです。

ただし、台本はいきなりは完成しません。一カ月から二カ月かけて書きますから、毎日は、小さな歩みです。

「今日は5ページ書こう」とか「この章を終わらせよう」と、少しずつ小さなページを目標にするから、なんとか書けるのです。

これが、「台本を完成させよう」だけが目標だと、あまりに旅路《たびじ》が遠くて、途方《とほう》に暮れると思います。

だからね、麦わら君。

「いまやるスイッチ」のために大切なのは、まずは、リアルな想像力です。

僕は、台本が遅れて俳優達に責められるというシーンは簡単にイメージできます。

麦わら君は、「大学受験」というリアルなイメージはありますか？

入れたら嬉《うれ》しいと思っている大学に行ったことはありますか？　行って、キャンパスを歩いて、そこの大学生になった自分をイメージするのです。教室をのぞいたり、サークル部室を見てみたり、食堂でランチしたりして、一日、生活してみるのです。

親しい友達とか好きな子も、その大学を目指しているとかだったら、さらに効果的です。

一緒《いっしょ》に大学に行って、キャンパスを飛び跳《は》ねながら歩くのです。そうすることで、「大学受験」という抽象的な言葉がどんどん具体的になります。

そして、「ああ、この大学に入りたい。毎日、ここに通いたい」と思えたら、しめたものです。それが、勉強を始めるエネルギーになると思います。

ネガティブなイメージも有効なら使います。僕が俳優達から責められるイメージで尻に火がつくように、「全部落ちたら行くかもしれない予備校」に行ってみるとか「死んでも行きたくない大学」をのぞいてみるとかです。

「ああ、勉強しなかったら、俺はここに来るんだ。風景がくすんでるよなあ。やだなあ。絶対にここに入学したくないなあ」とイメージを骨身《ほねみ》に染《し》み込ませるのです。

それともうひとつ。「いまやるスイッチ」を大学受験のスイッチと考えないで、もっと小さなものにするのです。

日々の小テストとか問題集2ページとか中間・期末テストとか全国模試とか、目の前の目標だけのためのスイッチにするということです。

マラソンを走る時も、いきなりゴールを考えたら遠すぎて走る気力がなくなります。

「あの電信柱《でんしんばしら》まで走ろう」とか「あの信号まで」と小さな目標を設定するのです。結果として、気がついたら最後まで完走できることが多いです。

どうですか、麦わら君。

目標がかなったらどうなるか。ポジティブもネガティブも、うんとリアルに、具体的に想像できるように準備して下さい。

そして、目の前にある小さな一歩を大事にするのです。あ、それともうひとつ。「いまやるスイッチ」を求めすぎると、焦りばかりが大きくなって、結果的に何もできなくなります。

自分をちょっと許して、「30分後に始めるスイッチ」とか「45分後に始めるスイッチ」でいいんだと開き直りましょう。

大学受験は長期戦です。焦ったり、気を張りすぎると長続きしません。

少しリラックスしながら、一歩一歩、確実に進んで下さい。

健闘を祈ります。

相談17

高校2年のとき、勝手にアニメグッズを捨てた親への怒りが53歳になってもおさまりません

53歳・男性 薫ラバー

僕は小学生ぐらいからアニメが大好きなアニメオタクです。基本は2次元の世界が大好きで、アニメを見ていれば満足。

貯《た》めたお小遣いで好きなビデオを買ったり、フィギュアを買ったり（あの頃、唯一《ゆいいつ》好きな3次元でした）するのが楽しみでした。

ですが、母親はそんな僕の趣味を嫌っていました。「そんな趣味、恥ずかしいから捨てなさい」と言われ続けましたが、「お小遣いとバイトで楽しんでいるんだから関係ないだろ」と言い返していました。

高校2年のある日、家が引っ越すことになりました。僕はフィギュアやビデオを、プチプチを使って、すべて丁寧《ていねい》にくるみ、段ボールに詰《つ》めました。

ところが、新しい家に着いたら、そのビデオやフィギュアたちが段ボールごとなくなっていたのです。母親に問いただすと「来年受験なのに、あんな趣味続けてる場合じゃないでしょ」と開き直っています。父は母に「勝手に捨てることないだろ」と言いながら、「まあ、お前もあの趣味じゃ女にもてないぞ」と。軽くあしらわれました。

本当にショックで、あの時は、憤《いきどお》りと怒りで狂いそうになりました。そのあと家族と3カ月は口をききませんでした。

僕は現在53歳です。結婚して妻と二人で暮らしています。やっぱり母の思《おも》惑《わく》どおりにはアニメ好きはなおらず、妻もアニメ大好きなので、一から買いなおしたアニメとフィギュアを心置きなく部屋に飾っています。

両親はだいぶ年老いてきて、もうそろそろ介護が必要になるかもしれません。問題は、高校生の時にビデオやフィギュアを捨てられた怒りがまだおさまらないということです。

いまでも当時を思い出すとあの時の激しい怒りの記憶が蘇《よみがえ》るのです。どうしても両親にやさしくできず、実家にもあまり足がむきません。母親からは冷たい息子だとなじられます。自分でも、執念《しゅうねん》深いのかもしれないと思います。恨《うら》んでいるのも実は疲れるし、これからの介護を考えると、両親を許して心のわだかまりを解消しておきたいです。どうしたら、両親へのこの長年の恨みをなくすことができるでしょうか。鴻上さん、どうかお知恵をお貸しください。

薫ラバーさん。薫ラバーさんは、「いまでも当時を思い出すとあの時の激しい怒りの記憶が蘇る」ということは、母親にちゃんと伝えましたか？　53歳になっても、あなたを許すことはできないんだという気持ちは、正直に話しましたか？　母親の行動を止められなかった父親も、いまだに許してない、ということを伝えましたか？

捨て台詞《ぜりふ》でもなく、喧嘩腰《けんかごし》でもなく、ちゃんとじっくりと、「あなた達の行動をいまだに許せないんだ。高校生の僕にどうしてそんなことをしたんだ？」「アニメのどこが恥ずかしいんだ？」ということを話し合いましたか。

もし、とことん話しているのなら、僕にはもう、薫ラバーさんに対するアドバイスはありません。それでも、恨みが晴れないのなら、しょうがないとしか言いようがありません。

　でも、もし、とことん話し合ってないのなら、ただ母親が「あの時はごめんね」だけですませているのなら、そして、それでは薫ラバーさんが納得できないのなら、「どうして高校生の息子を、一人の独立した人格として見られなかったのか？」ということを、徹底的に話し合うべきだと思います。

まだ、ご両親が元気なら、おそらく最後のチャンスだと思います。介護が必要になったら、ご両親は問いかける対象ではなく、守る対象になってしまって薫ラバーさんの思いは、不完全燃焼で終わるでしょう。

今、まだご両親の体力がちゃんとあるなら、何時間もとことん話すのです。

たまりにたまったものを出すしかないのです。

「来年受験なら、何してもいいのか？」「いつまで、子供は親に無条件で従《したが》えばいいのか？」「子供のためだと思ったら、何をしてもいいのか？」「ただアニメが嫌いなだけだったんじゃないのか？」「アニメオタクだと世間体《せけんてい》が悪いと思っただけなんじゃないのか？」

　薫ラバーさんが、この36年間、ためにためた思いをぶつけるのです。

ただし、どんなに興奮しても、「両親を責《せ》めることが目標」ではなく、「とことん、自分の気持ちを吐《は》き出して、新しい関係を作ることが目標」なのだということは忘れないで下さい。

母親が元気なら、やがて逆ギレして、「なんで、そんな昔のことを文句言われなきゃいけないんだ。お前はおかしい」とか「アニメオタクは気持ち悪い。捨てて当然」とか言うかもしれません（というか、そういう母親の本音が出た方が健全な話し合いだと思います）。

どんなに興奮しても、話し合いは続けて下さい。怒って終わったり、決裂したり、飛び出したりしないように。あんまり興奮して話せなくなったら、しばらく時間をおいてもう一度話し合います。

『トーチソング・トリロジー』という映画は見たことがありますか？　1988年の映画ですが、自分がゲイであることをなんとか母親に受け入れてもらおうとする息子と、ゲイを拒否する母親の壮烈《そうれつ》な映画です。その議論の徹底した闘いには、ただ唸《うな》ります。

話して話して、とにかく、薫ラバーさんが納得できるところまでいきましょう。

母親の意見や態度に最後まで納得できなくても、「これだけ言ったから、まあいいか」となるかもしれません。全然、納得できないと思ったら、納得するまで話し続けましょう。

僕には、それしか、薫ラバーさんが自分の恨みを相対化できる方法はないと思います。

薫ラバーさんの怒りが、36年間も続いている理由は、ずっと中途半端《ちゅうとはんぱ》に押し殺してきたからだと思います。ずっと気になっていたのに、ちゃんと向き合わなかった結果、心の片隅《かたすみ》で怒りは強く頑固《がんこ》に育ったのです。母親と直接話さなければ、自分の記憶と想像力だけが「事件」を大きくするのです。

薫ラバーさん。どうかこの機会に母親ととことん話してみて下さい。それが、怒りの感情と向き合う唯一の方法だと思います。

薫ラバーさんから、5年後の後日談

〜鴻上さんから回答をいただいた後、一度だけ、意を決して両親に当時どれだけ自分が悔しい思いをしたか、それは子どもの人権を踏みにじる行為で、今でも忘れられないのだと、口に出して伝えました。母親は、しばらくあっちを向いて黙っていましたが、「あんたのためにしたことなのに、それでこの長い間、家に寄り付かなかったのか」と泣き出してしまいました。

私はあきれて実家を出ましたが、夜、母親からメールで私宛《あ》ての郵便物についての用件が書かれた後に「昔、あなたの物を捨てたことは悪かった」と書いてありました。父親に促されたらしいです。

それはただ、まったく家に寄り付かない息子に、今後老いていく自分のこれからを心配したからという自分の利益のためかもしれないですし、母親が私の悔しさを本当に理解したとは思えません。だから心がスッキリしたというわけでもないですが、言わないままよりはずっとましだったと思います。とにかく行動にうつすことができた事実が自分の心にとって良かったんだと思います。

ありがとうございました。これからも鴻上さんの人生相談を読むのを楽しみにしています。お体に気をつけて。

相談18

決断したがらず、選ばなかった選択肢《し》に未練を抱《いだ》き、私の判断を非難することもある妻に困っています

30歳・男性 白山羊

決断したがらない妻に困っています。

結婚して3年になる私の妻は、なにかと決断をしたがりません。

例《たと》えば、最近生まれた子供の皮膚に発疹《はっしん》が出たのですが「小児科《しょうにか》で診《み》てもらう」、もしくは「皮膚科で診てもらう」のとではどちらが良いか、と相談された際、私は「乳児だからまずは小児科の先生に診てもらって、必要なら皮膚科を紹介してもらおう」と答えました。

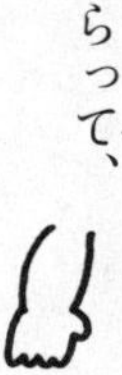

すると妻は「皮膚のことだし皮膚科の方がよくわかるし近くに評判の良い病院がある」と返してきました。予《あらかじ》め近所の病院までチェックしてくれていたこと、また私より子供と一緒《いっしょ》にいる時間が長い妻の考えを優先し「なら皮

膚科を受診しよう」と返事したのです。

ところがその直後「でも乳児のことは小児科の先生の方が詳《くわ》しいから小児科がいいと思う」とも話してきたのです。そしていつも最後は「あなたが決めて」と言われてしまいます。今回の場合は小児科に連れて行き、丁寧《ていねい》な診察を受けたのですが、帰ってくるなり「やっぱり皮膚科を受診した方が良いのでは」と、私の決断に不満を抱いているようでした。

このように2つ以上の選択肢がある場合に、選ばなかった選択肢に対してすごく未練のようなものを抱き、場合によっては私の判断を非難することがあります。

今後の生活の中で選択を迫られる場面が何度だって訪れることを考えると憂鬱《ゆううつ》です。

お互いがうまくやっていける方法はありませんか？

白山羊さん。奥さんが、どんなふうに育ってきたか、話しあったことはありますか？

これは僕の一方的な考えなのですが、奥さんは、ひょっとしたら、ずっと親から否定されてきたのじゃないでしょうか？

決断するということは、責任を引き受けるということです。学校の勉強は、何が正しくて何が間違っているか明確です。間違っていたら直せばいいし、合っていれば喜べばいいです。

でも、人生の問題には、絶対の正解というものはないです。当り前ですね。どんな結論を選んでも、プラスとマイナスがあります。

100%正解とか、100%間違い、なんて場合は、まずないです。つまり、どんな決断をしても、責《せ》められる可能性があるわけです。

で、大人になると、そういう事情が分かってきますから、簡単には他人の決断を責めなくなります。

たまに、結果論で文句を言う先輩とか上司がいて、嫌われます。結果だけを見て「どうして、こっちを選ばなかったんだ」と当然のように責める人ですね。

でも、予測する時点で、どこまでの情報が分かっていたかを考えれば、結果的に間違っていても、ベストなチョイスをしたかどうかが問題だと、普通の大人は分かるのです。

で、奥さんは、子供の頃から、何かを決断すると、親から、「それは違うと思う」とか「それはすべきじゃなかった」「へえ、そんな結論なんだ」と言われ続けてきたんじゃないでしょうか。どんな決断をしても、１００％の正解はないのですから、否定することは簡単なのです。

その繰《く》り返しによって、奥さんは、「自分で判断する」ということが怖くなったんじゃないでしょうか。

さらに、悪い結論が出た場合は、「だから止めたんだ」とか「間違った選択をして恥ずかしくないのか」と、さらに責められたんじゃないでしょうか。

小さい頃から、そうやって否定されてきたので、決断する自信をなくしてしまったんじゃないでしょうか。

ちなみに、奥さんの親も、同じように育てられたんじゃないかと僕は勝手に予想します。

奥さんは働いていますか？　または働いた経験がありますか？　働いて、それなりの責任ある地位に立つと、「さんざん考えても、結果として間違った判断になることはある」ということが分かってきます。「だから、その時点で考えられる範囲の判断をするしかなくて、違う結果になっても、誰も責められない」と、腹をくくるようになります。というか、くくるしか方法がなくなります。

白山羊さん。奥さんと「どうして決断しないのか？」を話してみませんか。そして、僕の予想を伝えてみて下さい。もし、その通りなら、「間違っても誰も責めないんだよ。どんなに考えても、予測が外れることはあるんだから」と優しく言ってみて下さい。

もし、僕の予想が外れていても、「どうして決断できないのか？」を一緒《いっしょ》に話し合い、考えることは素敵《すてき》なことだと思います。

白山羊さんから、投稿直後の感想文

投稿欄に記入した直後は「なんだかすっきりした」思いになりましたが、送信ボタンを押した後で「妻の悪口をネットに書き込んですっきりしたつもりになっただけじゃないか」と少しの後悔と妻への後ろめたさを感じました。

しかし鴻上さんから回答をいただき、その語りかけるような文章と、優しく温かい言葉にとても救われました。

雑誌は通勤カバンにひそませ、時間があれば読み返しています。

頂いたアドバイスや考え方は夫婦間の問題に限らず、あらゆる決断の場面で参考になると思います。

鴻上さんのご指摘にありましたとおり、私の妻は幼少期よりあまり両親から肯定されずに育ってきたようです。妻には一つ違いのお兄さんがいるのですが、お兄さん一番の家庭環境だったと聞きました。

私も妻も九州の片田舎出身ですので、よくも悪くも男が優先されやすい環境にあったのだと想像がつきます。

つい先日も、お義父《とう》さんやお義母《かあ》さんの健康面を妻が思いやってアドバイスをした際、「お兄ちゃんは大丈夫だろうって言ったから。あなたは心配しすぎ」等と妻の言葉にはあまり耳を貸さなかったようです。これも妻なりの「決断（アドバイス）」を両親が否定していると言えるかと思います。

三つ子の魂《たましい》百まで。妻の思考や習慣を変えることは難しいと思います。ですが地元を離れ、家族・親戚のいない土地で夫婦で頑張っていかなければなりません。

鴻上さんから頂いた言葉を胸に、どんな問題も夫婦二人で向き合って根気よく乗り越えていこうと思います（新たな悩みが見つかったらまた投稿するかもしれません笑）。

最後になりますが鴻上さん、内山さん、まだまだ暑い日が続いております。また皆さんからの悩みも続々と届いていることと思います。お体に気をつけて、これからも悩める方の心のよりどころとして頑張ってください。

この度は本当にありがとうございました。

白山羊さんから、5年後の後日談

辛《つら》かった頃の投稿をきっかけに、こうして今でも嬉しい知らせが届いていることに、不思議な縁を感じながら朝から心が温まったところです。

さて後日談掲載の件ですが、掲載いただいて構いません。

鴻上先生から頂いたアドバイスで多くの方が救われたように、私の後日談に誰かが共感し、少しでも心が軽くなれば嬉しいです。

投稿から5年も経っていたんですね。

今でも妻とはぶつかり合うことも（多々！）ありますが、その都度《つど》話し合い、お互い努力しながら乗り越えている次第です。

また投稿した時は言葉も話せなかった娘も、来年には小学生になります。

鴻上先生をはじめ、内山様、編集部の皆様におかれましてもご自愛ください。

相談19

容姿《ようし》が悪く、告白はすべて断られました。でも人生で一度でいいから、男性と愛し愛されてみたい

47歳・女性 サバ缶

47歳、独身の女性会社員です。人生で一度も男性とおつきあいしたことがありません。人並みに恋愛の願望はあり、告白したことも何度もありますが、すべて断られました。「最初から結婚目的で活動すれば良いのでは」と思い、結婚相談所に登録したこともありますが、すべて、相手から断られました。容姿は悪いです。背が高く、和風顔で、とある男性のお笑い芸人に似ています。若い頃はよくからかわれました。

そんな私も、仕事や趣味は充実しており、男友達は多く、食事に行くこともあります。その中の何人かに告白したこともありますが、友達としてしか見られないとのことでふられました。会話、おしゃれ、思いやりなど、世の

中で言われる一通りの努力をしましたが、全く報《むく》われません。一度、仕事で知り合った既婚《きこん》男性から「会いたい」と熱心に誘われ、「こうなったら、不倫でも良いから交際の経験が欲しい」と思い、会ったことがあります。酔った勢いでハグをされ、彼のことが好きになってしまいました。が、「俺はつきあう気は無いから」と言われ続け、何回か食事に行き、何回か仕事をして担当が私から別の人間になると、連絡しても返事がこなくなりました。

私が好きなわけではなく、フリーランスの彼は仕事が欲しかったのだと思います。不倫でもいい、と最大の妥協《だきょう》をしたのに、体も求められず、気持ちを弄《もてあそ》ばれただけでした。

もう47歳、白髪も増え、老眼も始まる年齢ですが、恋愛に関しては高校生レベルです。人生で一度でいいから、男性と愛し愛されてみたいと思う一方、無理なことはあきらめる努力をした方が良いのだろうか、とも思い、心が揺《ゆ》れます。こんな私に、アドバイスをいただけますと幸いです。

サバ缶さん。サバ缶さんの文章、僕の心に沁《し》み入りました。けれど、サバ缶さんの相談に答えるか、ずっと悩んでいました。それは、僕の回答がサバ缶さんを傷つけてしまうかもしれないと思ったからです。今も、心配しています。でも、相談してくれたサバ缶さんの勇気に応《こた》えるために、書きます。

サバ缶さん。希望はある、と僕は思っています。それは、サバ缶さんと同じような思いを持つ男性がいるからです。それも、たくさん、いると思います。

誰かと恋愛をしたいと思いながら、一人、居酒屋の片隅《かたすみ》にいたり、自宅でテレビを見ながら孤独に晩酌《ばんしゃく》していたりする男性は多いです。激しい孤独や淋《さび》しさにのたうちながら、自分の感情をもてあましている男性は多いのです。

サバ缶さんは大人ですから、はっきり言いますね。

サバ缶さんと同じ年、47歳ぐらいの男性だと、恋愛対象の女性は、まだ20代後半とか30代を夢見る人が多いです。

なおかつ、本書の「相談15」で書きましたが、「可愛《かわい》い女性がタイプ」だと答える男が多いです（交際が現実的かどうかに関係なく、です。この話は後述します）。

そう希望している男性と恋に落ちるのは、「男性のお笑い芸人」に顔が似ていると自分のことを言うサバ缶さんでは、かなり難しいと思います。

いきなり、すごいことを言いますが、何人かの有名な女性の結婚詐欺《さぎ》師のことをサバ缶さんは覚えていますか？　お金をだまし取ったり、保険金をかけて殺害したりして、死刑判決を受けた女性もいました。

彼女たちの容姿がマスコミで紹介された時、多くの人は驚きました。少しも美人ではなく、あきらかにおばさんで、小太りだったり、地味《じみ》だったりと、次々に男性をだましていった結果とまったく結びつかなかったからです。

ものすごく口がうまかったからとか、献身的《けんしんてき》に尽《つ》くしたからだとか、いろいろ言われましたが、一番の理由は、「男がものすごく淋しかったから」だと僕は思っています。

「お金があっても孤独に悲鳴を上げている」とか、「淋しさが老化を加速している」とか、「なぜかずっともてなかった」とか、そういう男性を相手にしたから、次々に虜《とりこ》にできたのだと、人間の心理をついたからだと、僕は思っているのです。

サバ缶さん。傷つけたらごめんなさい。サバ缶さんの文章があまりにも僕の胸に突き刺さったので、僕は掛け値《かね》なしの本音を書いています。

もし、サバ缶さんが恋に落ちたいと思う相手が、バリバリ仕事をこなしている自信満々40代とか、いわゆる男性的魅力に溢《あふ》れているとか、とてももてている男性だとしたら、それはかなり難しいと僕は思います。

でも、サバ缶さんと同じように、恋愛に縁《えん》がなく、孤独に苦しみ、恋愛に憧《あこが》れ、傍《そば》に誰かいてほしいと願っている男性なら、サバ缶さんと恋愛が始まる可能性があると思うのです。

女性に全然もてないような相手となら、恋愛なんかしたくない、と思うかもしれません。

でも、僕はどんな相手であっても、恋愛しないより、恋愛した方が素敵《すてき》だと思っています。

現実に交際できるかどうかを考えないで、いくつになっても、「可愛い女性がタイプ」としか言わない男性のことを書きました。

そういう男達は、人の恋愛に対しては評論します。そして、自分は理想だけを語ります。それは、例《たと》えば、野球で言えば「大リーグだけが野球だ」とか「日本のプロ野球は最高」と観客席で語る人と同じです。自分では決して野球をしないで、ただ、観客席で野球を見て、辛辣《しんらつ》な批評だけするのです。「あんなことをして恥ずかしくないのか」とか「信じられないね」とか言います。

でも、もし、もっと野球を楽しみたい、見るだけじゃなくて、やってみたいと思った時に、分岐点《ぶんきてん》に立ちます。

ひとつは、「プロ並みの技術がない自分は恥ずかしくて、野球なんかやってられない」とやめてしまうタイプです。

そして、もうひとつは、「大リーグやプロ野球のような技術はない。でも、河川敷《かせんじき》でやる草野球は楽しい」と、自分なりの楽しさを見つけられるタイプです。

観客席に居《い》続けるだけでは、決して、見えてこない野球の楽しさです。大リーグの観客席にいる人は、草野球を見てバカにするかもしれません。でも、そんなこと、関係ないのです。

野球にたったひとつの正解がないように、恋愛にもたったひとつの正解があるわけではないと思っています。

他人がなんと言おうと、当人たちが満足してれば、それは素敵な野球だし、恋愛なのです。

もちろん、どんな相手だろうと、恋愛のためには、サバ缶さん自身がおしゃれに気を配り、メイクや髪形をちゃんと意識することはとても大切です。健康的なスタイルの維持も欠かせません。

「会話、おしゃれ、思いやりなど、世の中で言われる一通りの努力」をしたとサバ缶さんは書きますが、女性としてはもちろん、人間的魅力を維持するためにも、努力し続ける必要があります。

その上で、恋愛相手の探し方をひと工夫するのです。

サバ缶さんと同じように淋しさを感じている男性、恋愛に奥手《おくて》だと感じる男性、孤独に苦しんでいると見える男性に目を向けてみるのです。

レストランや居酒屋での出会いや見方も違ってくるでしょうし、ネットでのペア探しの基準や水準も変わるでしょう。

まず、いろんな人と出会える機会、趣味のサークルやお出かけを増やすことが、とても大切だと思います。

サバ缶さん。どうですか？　これが僕のアドバイスです。

淋しさにさまよう男性はたくさんいます。孤独に悲鳴を上げている男性もたくさんいます。恋愛に焦《こ》がれて、でも諦《あきら》めている男性もたくさんいます。

そのなかに、気の合う男性を見つけることができるんじゃないかと、僕は思っています。

そんな一人と、サバ缶さんが出会えることを心から祈ります。

相談20

小学4年〜中学2年まで受けた壮絶《そうぜつ》ないじめが忘れられず、苦しいです

42歳・女性 やなな

昔受けたいじめが忘れられず、苦しいです。

私は小学4年〜中学2年まで、それは壮絶ないじめを男子から受けていました。

「ただ気に入らない、ムカつくから」という理由だけで。他にも理由はあったのかも知れませんが、今となってはそれしか確かめようのない事実として残っているのでこう書きます。

教科書は切られる、体操着《たいそうぎ》は切られる、机の中に牛乳を入れられる、墨《ぼく》汁《じゅう》を入れられる、ゴミを入れられる、私の持ち物はゴミ箱に入れられる、給食の中にチョークの粉を入れられる、弁当を捨てられるなどはほぼ毎日のこ

とで。

挙《あ》げ句《く》の果ては強姦《ごうかん》すんでのところまでいきましたよ。紙袋をかぶせられ、下着を下ろされて。（未遂《みすい》で済みましたが）

誰も助けてくれませんでした。親は、学校へ行かないなど何事かと私を恫《どう》喝《かつ》し、泣いて嫌がる私を無理やり学校へ引きずっていき、兄はそれを知らん顔を決め込んで見て見ぬふりをしていました。

誰もかれもが、私の敵《てき》でした。味方は私自身しか居《い》なかったのです。

私は何度も死のうと、高いところにあがったりもしてみました。けど死ぬなんて勇気は無かったので現在に至《いた》ります。今は結婚して一女をもうけ、まあ幸せですが、時々、その壮絶ないじめを思い出し、なんとか復讐《ふくしゅう》してやりたいと憎悪《ぞうお》の念に駆《か》られます。

幼い娘がこの事実を知ったら、きっと傷つくでしょう。彼女は知らなくていいことなので、娘には一生話さず、私の胸にしまっておくことにしますが、時々、私の人生を踏《ふ》みにじってきた男子たちはきっと、私をいじめ、死まで考えるほど追いつめたことなど綺麗《きれい》に忘れ、幸せになり、のうのうと生きているのだろうかと思うとたまらなく虚《むな》しく、悲しく、どうしようもない憎悪が湧《わ》き上がってきます。

鴻上さん、どうしたら、この辛《つら》い過去を忘れて生きられるでしょう。どうすれば憎悪を抱《いだ》かなくて済むでしょうか。ご回答よろしくお願いします。

……………………

やななさん、苦しみましたね。やななさんをいじめ、絶望させ、なのに、おそらく、今はそのことを忘れ、のうのうと生きている男子たちのことを思えば、殺意のような憎悪が湧き上がることは当然だと思います。

やななさんが、もし、二十代なら、僕は「悔《くや》しいけれど、忘れて、前向きに生きませんか。楽しいことを見つけて」と言ったかもしれません。

でも、やななさんは、42歳になっても、昨日のことのように感じているのですよね。

それは、やななさんの魂《たましい》にまで刻まれた深い傷だということです。

つまり、病院で治療しなければいけない大ケガだと、僕は思います。

軽い傷なら、素人《しろうと》でも治療できます。親友にアドバイスをもらうとか、恋人や家族に話すとか、です。でも、大ケガは素人が治療してはいけません。まして、一人でなんとかしようと思ってはいけません。それは不可能です。

必要なのは、自分一人で「忘れよう」とか「復讐しよう」とか悩むことではなく、適切なカウンセリングを受けることだと僕は思います。

心療内科《しんりようないか》か精神科かメンタルクリニックか、ゆっくりと話を聞いてくれるお医者さんを探すことをお勧《すす》めします。

5分話して、すぐに薬を出そうとする人は、丁寧《ていねい》に断って下さい。

ちゃんと話を聞いてくれるお医者さんに、30年近く、誰にも言えなかった「いじめられた思い」「彼らに対する憎悪」「家族の無理解に対する憤《いきどお》り」「見て見ぬふりをしたクラスメイトへの敵意」を言葉にするのです。

その思いを全部、とことんまで吐《は》き出すのです。

それをずっと聞いてくれて、適切なアドバイスをしてくれるのは、お医者さんしかいないと思います。

「どうしたら、この辛い過去を忘れて生きられるでしょう。どうすれば憎悪を抱かなくて済むでしょうか」とやななさんは苦しみますが、忘れよう、憎悪を抱かないようにしようと結論を出す前に、辛い過去や憎悪と向き合い、ゆっくりと言葉にして、聞いてもらうことが、やななさんが楽になるための大切なステップだと僕は思います。

苦しい思いは、ずっと心の奥にしまっているからこそ、ずっと残り続けているのですから。

時間はかかるでしょうが、ゆっくりゆっくり、話し始めませんか。やななさんに合ったお医者さんを探すところから始めることを提案します。

病院やクリニックの門を叩《たた》くことに、最初は抵抗があるかもしれませんが、それは一瞬《いっしゅん》のことです。30年間、苦しみ続けたことに比べたら、なんでもありません。

「ああ、この人は私の話をちゃんと聞いてくれない」と感じたら、すぐにやめればいいだけです。

そして、「この人になら、今までの思いを話せる」と感じる人を辛抱《しんぼう》強く、探して下さい。これもまた、30年に比べたら、一瞬のことです。

やななさんが、素敵《すてき》なお医者さんと出会えることを祈っています。

相談21

とても優しくて、ずっと一緒《いっしょ》にいたいと思う彼氏がいるのですが、動画を撮りたいという彼の性癖《せいへき》に悩んでいます

26歳・女性 こだま

鴻上さんこんにちは。毎回連載を拝見させて頂いています。とても悩んでいることがあるのでお便りを送りました。

わたしには26歳の同《おな》い年の彼氏がいます。彼はとても優しくて、とてもわたしのことを好きでいてくれています。わたしもとても彼のことが好きで、できるならずっと一緒にいたいなと思っています。

ですが、彼の性癖が受け入れられずに悩んでいます。それは行為を動画で撮りたいということです。初めは軽い気持ちで言っているのかと思い嫌《いや》だと伝えましたが、その後、元カノとの動画をまだ持っていると言われ、わたしの動画が撮れなければ消さないと言われました。何度も頼み込み元カノの動

画は削除してくれたようなのですが、どうしてもわたしの動画を撮りたいと言われます。

彼はわたしに会えない時にどうしてもわたしの動画を1人でするときに見てしたいようで、ネットにアップするつもりなどないと言っています。とはいえ、何かの拍子《ひょうし》に流出する可能性もないとは言い切れないし、そもそもそんな動画を撮られることも嫌なのですが、彼のことは好きなのでどうしたら良いのかわかりません。かれこれもう半年間悩み続けています。

友人に相談してもみんな別れた方がいいと言います。わたしも別れた方がいいのかなと思いつつ、好きな気持ちが強いので踏《ふ》み切れずにいます。性癖は個人のものなので、やめてと言ったところでやめられるものではないことはわかっているのですが、それでもできるなら彼と一緒にいたいと思ってしまいます。

どうしようもないことだと思って別れるべきなのでしょうか？

やっぱり好きだから何とかして改善策を探すべきでしょうか？

鴻上さんならこんなわたしに何とアドバイスして下さいますか？

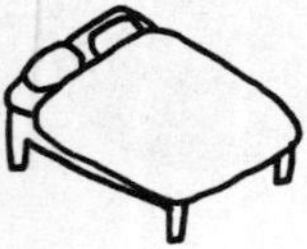

こだまさん。僕の結論は、友達と一緒です。何度頼んでも、どうしても動画を撮りたいと言うのなら、別れるしかないと思います。

こんなにこだまさんが嫌がり、困惑《こんわく》し、抵抗しているのに、それでも、自分の要求を譲《ゆず》らないということは、彼は本当にこだまさんのことを愛しているのかと、根本的《こんぽんてき》なことまで疑問に思ってしまいます。

相手がどんなに嫌がろうと自分の要求を通そうとするということは、これから先、もし長い時間、一緒に過ごすことになったら、性癖だけに限らず、他でも同じようなことが出てくるんじゃないかと心配します。

こだまさんの気持ちより、自分の快感、欲求ということです。

少し前、ツイッターで、高熱で寝込んでいる妻に夫が、「夕食の時間だよ」と言いに来て、(夫が夕食を作ってくれた)と妻が感激したら、そうではなくて、夕食の時間が来た、早く夕食を食べたい、作って欲しいという意味だったというホラーのような話が話題になっていました。

相手の事情ではなく、自分の欲求を優先した結果です。

「性癖は個人のものなので、やめてと言ったところでやめられるものではないことはわかっているのですが」と、こだまさんは書きますが、違います。性癖がどうしてもやめられないのなら、この世界は、犯罪者だらけになります。

社会的に許されない性癖を止めるのは、一般的には、社会的制裁です。法を犯して犯罪者になりたくないから、みんな自分の性癖を抑制するのです。

でも、一番強力な動機は、愛する人が嫌がるかどうかです。相手が嫌がるから、自分の性癖を要求しない。それが、恋愛関係にある二人のルールです。

「元カノとの動画をまだ持っていると言われ、わたしの動画が撮れなければ消さないと言われました」という言い方は、実は、完全にアウトです。こだまさんは、彼のことを大好きになっているので、このヤバさにはっきりと気付いていないと思いますが、この言葉からは、彼の愛を感じません。ただ、自分の欲求だけを感じます。

動画を残す危険性は、こだまさんが予想している通りです。将来、二人の仲がこじれて、リベンジ・ポルノとして使われるという危険性だけではなく、彼のスマホやパソコンに残る動画が、予想もつかないソフトやきっかけによって、どんな形で流出するかは、誰にも分からないのです。

大きな声で言えない性癖を持っていることは、悪いことでも珍《めずら》しいことでもありません。

ただ、それが社会的に問題だったり、愛する人が嫌がったりする場合は、なんらかの代償《だいしょう》行動によって、その欲求を解消するのが人間の知恵です。

例《たと》えば、他人の家のお風呂を覗《のぞ》きたいという強烈な性癖があって、そのまま実行したら犯罪者になる場合、盗撮ドキュメントと銘打《めいう》たれたアダルトビデオを見るとか、覗きがテーマのアダルトコミックを読むという行動で、自分の性癖となんとか折り合いをつけて生きていくのです。

こだまさんの彼は、今までの彼女のように、こだまさんも自分の性癖をやがては受け入れてくれると思っているから、要求を言い続けているのだと思います。

どうしても、動画を撮りたいのなら、別れるとはっきり言うべきでしょう。

私のことを大切に思っているのなら、二人の動画を撮る代わりの代償行動を考え、それで折り合いをつけて欲しいと言って下さい。

その時の彼の反応によって、こだまさんのことをどれぐらい愛してくれているのか、こだまさんの立場にどれぐらい立ってくれるのかが分かると思います。

彼の態度や言葉に傷つくかもしれません。でも、だらだらと長く苦しむよりも、ちゃんと結論を出すことは、はるかに前向きなことだと思います。

相談22

一時の恋愛で息子の人生をだめにしないように、という親心が「毒親《どくおや》」呼ばわりされなくちゃいけないのですか？

62歳・女性 みどり

アニメグッズを捨てた母親を恨《うら》む男性の投稿を読んで（編注：本書の「相談17」参照）、私と息子のことのようで心が波立ちました。Twitterなどでもみなさん、その親御《おやご》さんのことを「毒親」だと非難ばかりしています。でも、息子のことを思ってした親が、そんなに悪者で毒親呼ばわりされなくちゃいけないんでしょうか。

私は息子が高校生のときに、ポストにあった息子の彼女からの手紙を、読んでしまったことがあります。その頃、息子はその子とつきあいだしてから、帰宅が遅くなり、その子とのデートのためにバイトをするようになり、あきらかに利用されて振り回されていました。交際に反対しても聞く耳をもってくれませんでした。

手紙には、その子から別れ話を切り出したことの撤回《てっかい》と、誕生日に○○に来てほしいと日時が書かれていました。私は、その頃落ち込んでいる様子だった息子を思いながら、その子は誕生日プレゼントが欲しいだけなんじゃないかと、猛烈に腹がたち、もちろん迷いはありましたが、心を鬼にして、その手紙を数日隠してから捨てました。

それから8年経《た》って、社会人になった息子にそのことがばれました。同窓会でその子と会ったらしいのです。

「なんでそんな勝手なことしたんだよ」と言われて、つい「知らないわよ。でもあの子に利用されてただけだったじゃない。あのままじゃ大学だって落ちてたわよ」と言い返してしまいました。

私の買い物に車を出してくれるようなやさしい息子だったのに、それからは素気《そっけ》なくなり、一人暮らしを始めてしまいました。音信不通になったわけではないですが、あそこから息子との関係は変わってしまったと思います。

もう息子は30代後半で、いまだ独身です。数年前に「結婚しないの?」と

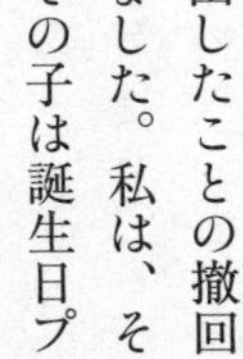

聞いたら、「よく言うよ」と蒸《む》し返されました。まだあの時のことを許していないのかもしれません。

手紙を捨てたことを、悪いことをしたのかもしれないという気持ちもありますが、正直なところ、それで結果はまた勉強もするようになって大学もうかったじゃないかと、やっぱりよかったのだという気持ちのほうがおおきいです。一時の恋愛で人生をだめにしないようにと、息子のためにと親心でしたことがそんなに恨まれることでしょうか。なんで還暦《かんれき》も過ぎていつまでもこのことで気に病《や》まないといけないのかと情《なさ》けなく思うのです。

みどりさん。ずっと気に病んでいるんですね。息子さんはもう30代後半ですから、20年近くですね。

みどりさんは、手紙を捨てたことは、「やっぱりよかったのだという気持ちのほうがおおきい」のですよね。自分ではよかったと思ったことをしたのに、息子さんが全然理解してくれないことが納得できないし、悲しいのですよね。

息子さんは当時高校生で判断力が未熟だから、私が判断しないといけない、それが親の務《つと》めだと思ったんですよね。

みどりさんは、「息子のことを思って」いれば「ポストにあった息子の彼女からの手紙を読んで捨てる」ことも許されると考える親なんですね。

世の中には、「息子のことを思って」いても「ポストにあった息子の彼女からの手紙を読んで捨てる」ことはしてはいけないと考える親もいます。

どちらが正しいと断言することはあまり意味がないでしょう。正しいか間違っているかではなく、自分が親の立場になったらどちらを選ぶか、だと思います。

それは、親として、「どこまで子供の立場を尊重《そんちょう》するか」ということでしょう。

僕にも子供がいますが、僕は子供が、どんなに危ない恋愛をしていると見えても、子供の手紙を勝手に読んで捨てることはないと思っています。

それは親であっても、人間としてやってはいけないことだと思っているからです。子供の日記を勝手に読むとか、引き出しを勝手に開ける、なんてこともやってはいけないと思っています。

もちろん、見守っていて、ハラハラドキドキはすると思いますが、なんとか我慢しようと思っています。

それは、まあ、恋愛の真相なんてのは当事者にしか分からない、と思っていることも大きいです。どっちがどっちを利用しているか、どれぐらい負担をかけているかなんてのは、当人同士じゃないと分からないと僕は考えています。

と書きながら、例《たと》えば、もし、自分の子供が国や民族で人を差別するヘイト・スピーチを話していたり、あきらかにカルトな新興《しんこう》宗教に入ろうとしていたら、とことん説得するし、それでもダメなら引きずってでも止めようとすると思います。その時は、「子供の立場を尊重」している場合ではないと、僕は考えます。

でもね、みどりさん。どちらのケースでも、子供にとってはたまったもんじゃないと思うのですよ。

当人は自分の判断でやっていると思っているのに、親から一方的に「お前の判断は間違っている」と断言されるのですから。子供が、その時点で親を恨《うら》んだり、反抗するのは当然だと思います。

それでも、親としては、自分の判断に間違いはなかったと思えば、胸を張って、子供との遠くなった距離を受け入れるしかないと思っています。淋《さび》しいことですが、そのまま、疎遠《そえん》になることもあるでしょう。

「あの時は、お母さんの判断が理解できなかったけど、今はよく分かるよ。あの時、手紙を捨ててくれて、本当にありがとう」なんて言葉は、ドラマでも出てこないと思います。そんなセリフを書いたら、視聴者や観客、読者から「ご都合《つごう》主義にもほどがある」と責《せ》められるでしょう。

それは、本当にそれが有効だったかどうか、誰にも断言できないからです。

手紙を捨てた結果、「また勉強もするようになって大学もうかったじゃないか」とみどりさんは書きますが、行動と結果は完全にはイコールではないでしょう。

息子さんは、彼女とつきあいながら、受験が近づけば本気で勉強したかもしれません。「彼女と再びつきあうこと」は、「勉強をしなくなり大学に落ちること」と100パーセント同じことではありません。

みどりさんの頭の中では、それは完全につながっていますが、息子さんには息子さんの判断と人生があります。受験が近づいたのに、同じように遅くまでバイトをし、「彼女に利用されて振り回され」続けるかどうかは、息子さんが判断することです。みどりさんが断定することではないのです。

「その子は誕生日プレゼントが欲しいだけなんじゃないかと、猛烈に腹がたち」とみどりさんは判断しましたが、それを判断するのはみどりさんではなくて、息子さんです。

大人になった息子さんが怒るのは、「黙って捨てた」という行為の中にある、「僕が試行錯誤《しこうさくご》すること」「僕の人生の可能性」を否定されたと感じた結果だと思います。

「あなたは未熟なんだから、間違いなく私の考えた結果になる」という断定が、自分の人生を否定されたように感じたのだと思います。

ちなみに、「毒親」という言葉は、子供側からの言葉です。言われた親側は納得しません。子供を虐待《ぎゃくたい》した親も、必ず「しつけだった」と言います。自分は子供のためを思ってしたのだ、それが結果的にエスカレートしただけだと。「あなたのためにしているの」という思い込みと言い訳があるから、「毒親」問題はやっかいなのです。

ですから、「アニメグッズを捨てた母親」が「毒親」と呼ばれることをみどりさんは怒っていますが、子供側の判断と親側の判断が違うのは、当り前なのです。

さて、みどりさん。ちょっと仮定の話をしたいのですが、ある日、息子さんが「結婚相手」を連れてきたとします。彼女はみどりさんには、「息子さんの金目当ての女」のように見えて、息子さんはただ「利用されて振り回されている」と感じたとしたら、どうしますか？

今、息子さんは30代後半だそうですが、20代だったら、みどりさんはどうしたでしょうか？

自分では納得できない相手を受け入れましたか？　それとも、「あの女はやめた方がいい」と拒否しましたか？

20代だとまだまだ判断が未熟だから、私がちゃんと判断しないといけないと思ったでしょうか？

では、今の30代後半の息子さんだとどうでしょうか？

もし、みどりさんが胸を張って「私が手紙を捨てたのは、息子が高校生だったからだ。今は、どんな女性を連れて来ても絶対に反対はしないし、すべて受け入れる」と断言できるのなら、みどりさんと息子さんの距離は、縮《ちぢ》まることはなくても、これ以上離れることはないと思います。

でも、「本当は反対したいんだけど、もう30代後半だから、世間の目はあるし、とりあえず、結婚は認めるけど、生活や孫の問題に関してはちゃんと応援して、見てあげないと」と思っているのなら、息子さんとの距離はもっと離れる可能性があると思います。

みどりさん。どちらの気持ちですか？

息子さんの気持ちは、「アニメグッズを捨てた母親を恨む男性」と同じように、今のままでは変わることはないと、残念ながら思います。

みどりさんとしては、とても悲しく辛《つら》いことでしょうが、あの当時の自分は正しいことをしたんだと、受け入れるしかないと思います。

高校生だから、そうしたんだ。成人してからは、もう、私は息子を「一人の人間として尊重している」という場合は、ひょっとしたら、息子さんが結婚した場合は、変わるかもしれません。息子さんに子供ができて親になった場合、息子さんから、「許しはしないけど、少しは理解できる」という言葉が出るかもしれません。

いずれにしろ、仮定の話です。

20年近く前のことをあれこれと気に病むより、ご自分の人生を楽しむことをお勧《すす》めします。いつまでも、息子さんのことを気に病んでいたら、息子さんもよけい気にしてしまうと思いますから。

まだまだ、人生、先が長いんですから。

相談23

夫にずっと無視されています。離婚したほうがいいと思いますが、自活できるほどの稼《かせ》ぎもありません

52歳・女性 金平糖

50代の主婦です。ずっと夫に無視されています。4年間単身赴任していた時期はほとんど連絡がなく、話し合いを持とうとしましたが相手にされませんでした。自宅に戻った今も毎日食事のためにだけ顔を出し、済ませると自分の部屋に行ってしまいます。会話はまったくありません。私は仕事もフリーで自宅作業のため、年中ほとんど誰とも話さず過ごします。

離婚したほうがいいとは思いますが、そうなったら私は天涯孤独《てんがいこどく》です。一人っ子で親はすでに亡く、子供にも恵まれませんでした。親からの財産は何もなく、休みなく仕事をしていますが自活できるほどの稼ぎもありません。よくしてくれる友人や親せきはいますが、頼ることはできません。

思えば両親も何かと問題のある人で、子供のころからずっと寂《さび》しい思いをしてきました。孤独のまま一生過ごすのかと思うと、いっそ死んでしまおうと考えることもあります。人と比べてはいけないと自分に言い聞かせていますが、家庭にも金銭的にも容姿《ようし》にも恵まれている友人を見ると、虚《むな》しく思えて仕方ありません。

気持ちが行動に出るのか、最近は何かとうまくいかないことばかりでさらに落ち込む毎日です。

親に昔、「お前は不幸な星のもとに生まれた」と言われました。本当にそうなのかもしれないと思っています。どうすれば人生が好転しますか？

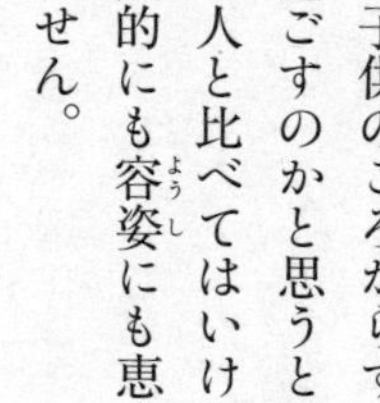

金平糖さん。よく相談してくれました。
夫とはどれぐらい会話がないですか？　もう何年もですよね。ひょっとしたら10年ぐらいですかね。
「同じ屋根の下に住んでいて、何の会話もない」ということは、独《ひと》りで住んでいるより、何倍も孤独を感じると思います。

人がいるのに、会話がない。人がいるのに視線が合わない。人がいるのに、それもかつては心を通《かよ》わせ会話した相手なのに、今はなんのつながりもない。それは、強烈に孤独です。

だったら、独りの方が何倍も精神衛生上良いだろうと思います。

そして、本当に独りになったら、そこから関係の糸は広がっていくんじゃないかとも、僕は思っています。だって、今は会話しない夫がいるから、誰かを家に招待して、映画を見たりお酒を飲む、なんてできないでしょう。本当に独り暮らしになったら、気軽に外出できるし、友達だって簡単に呼べるのです。

金平糖さんは、離婚したら「天涯孤独」と心配していますが、出会いは間違いなく増やせると思うのです。

僕のアドバイスは、今の「ぬるい地獄」のような状況はなんらかの方法で早く終わらせた方がいいということです。

まず、「これが最後だと思って、夫に話し合いを提案する」ということをお勧《すす》めします。

それは、「夫はこの状態をどう思っているか？」ということです。

離婚も考える金平糖さんに対して、「夫は離婚するつもりがあるのか」ということを確認する必要があると思うのです。夫も、今の状態を決して快適とは思ってないはずです。このまま、だらだらと続けるつもりなのか。

でも、夫は、話し合いを拒否しようとするでしょうから、「これから先のこと。離婚を含めた話し合いをしたい」とはっきりと言うことが大切だと思います。心が折れそうになると思いますが、たった一度です。思い切って、大きな声で話しかけてみて下さい。もし、そこで、夫の希望が聞けたら、事態は変わるでしょう。

離婚するつもりはないけれど別居したいとか、お互いがこんな風になればもう一度やりなおせるとか、何らかの希望が見えれば、ひとつの前進です。

夫がまったく話し合いに応じてくれなければ、次の段階です。

弁護士さんに入ってもらうのです。

それは、「離婚」に向かって進むということです。

「孤独のまま一生過ごすのかと思うと、いっそ死んでしまおうと考える」ことよりは、どんなに苦しくても「離婚」の方がはるかにましだと思うからです。

金平糖さんは、自分の親の財産の話を出して経済的な問題を心配していますが、「財産分与」についてはどれぐらいご存知ですか？

「財産分与」とは、結婚生活中に夫婦で協力して築き上げてきた財産を、離婚の時に、それぞれの貢献度《こうけん》に応じて分配することです。

これは法律で定められています。

結婚生活中に買った家具や家財はもちろんですが、預貯金や持ち家、車などが夫単独の名義であってもすべて、財産分与の対象です。

専業主婦の場合で、今はだいたい50パーセントの取り分です。

夫が働き続ける間、金平糖さんは家事をずっと続けてきたのです。夫だけが単独で作り上げた財産ではありません。それは、夫婦二人で共同で作り上げてきたものです。

妻も、財産を手にすることは正当な権利なのです。

子供がいなくて、夫がずっと働き続け、金平糖さんも少ないながら一定の収入があるわけですから、それなりの財産はありませんか？

財産分与に関する詳《くわ》しいことも、弁護士さんが教えてくれます。夫がまったく話し合いに応じず、弁護士さん主導で離婚した場合、「財産分与」はどれぐらいの金額になるか、調べることをお勧《すす》めします。

もし、予想した金額よりはるかに少なかった場合は——それでも、僕はなんとかやりくりして、「離婚」に向かう道をお勧めします。これも、経済的にどんな公的サポートが可能か、いろいろと弁護士さんが教えてくれるでしょう。

会話をするつもりのない夫と住み続けることは、金平糖さんの残りの人生にとって、あまりにももったいないと思うからです。

それにしても、「お前は不幸な星のもとに生まれた」と、自分の子供に言う親は、間違いなく「毒親《どくおや》」です。

この呪《のろ》いの言葉は、苦しい時に金平糖さんを縛《しば》りませんか？「がんばろう」とか「なにくそっ」とか思っている時に、この呪いの言葉が金平糖さんの身体と心のエネルギーを奪《うば》いませんか？

だいたい、「不幸な星のもとに生まれた」なんてことが分かるのなら、親は超能力者か魔術師だということですね。だったら、そんな予言しないでその超自然的な力で娘を幸福にしろよっ！と思いますね。

そんな力がないのなら、「不幸な星のもとに生まれた」という断定は間違ってるってことですからね。

だって、ファンタジー映画で、主人公に対して突然、男が「お前は明日死ぬ」と断定し、「誰だ、お前は!?」と問われると「ただの通行人だ。居酒屋で働いている」と答えたら、ぎゃふんですからね。予言する能力がない人間が、ただ感情に振り回されて言っても意味はないのです。

金平糖さん。まず、この根拠のない呪いの言葉から自由になりましょう。そして、残りの人生に向かって、一歩一歩、歩き出しましょう。

52歳は、まだまだ若いんです！

相談24

高校時代、校則を変えようとして戦いに敗れました。日本の校則がこんなに厳しいのはどうしてですか？

20歳・男性 ピック

鴻上さんの校則についてのTwitterをみて、高校時代の古傷を思い出し、投稿しています。元・私立共学の生徒会長、現在は大学生です。

生徒会長の選挙時の公約は「マフラー禁止」「靴下と鞄《かばん》の指定」「男子の長髪禁止」「女子の髪のリボンの黒、紺、茶指定」の撤廃《てっぱい》で、そのときはけっこう盛り上がり、支持されて生徒会長になりました。

- あたりまえですが防寒にマフラーは必要
- 「靴下と鞄」については、学校指定のメーカーは高額。それぞれ生徒が選んだほうが合理的（これは言いませんでしたが、学校がこれで利益を得るという私立のあるある話のようです）

●男子の長髪の禁止、女子の髪のリボンを黒、紺、茶に指定している意味がわからない。好きな髪形、リボンの色を楽しみたいと訴《うった》えて、けっこう支持されて生徒会長になりました。

生徒会長に決まったとき、学年主任には、廊下《ろうか》で通りすがりに「やりすぎるなよ」と釘《くぎ》をさされました。でも、公約なので、行動しないわけにはいきません。

そこで、まずは、先生たちと生徒で校則についてのディスカッションの場を作りました。

先生側の言い分はだいたいが、

●マフラーは、以前に引っ張り合って遊んでいた生徒が気分を悪くしたという問題があった

●靴下も鞄も学校の制服と同じこと

●女子のリボンの色は制限を設《もう》けないと風紀《ふうき》が乱れる。男子の長髪は清潔感がなく、高校生に似合わない

話し合いは並行線で、副会長が「それならばリボンは白だと風紀が乱れる

のですか」と言ったら「線引きの問題だ。どっちにしても白なんてちらつくし、教える側の集中力もそぐ」などと理由にならない理由を返され、あと昔、すごく学校が荒《あ》れた時代があり（昭和のことらしいですけど）、近所にもこの学校の評判が悪い時期があり、校則を変えて生徒を指導して、いまのいい雰囲気が保たれ、いい学校（たぶん偏差値があがったという意味）になったのだそうです。

そして学年主任は「そういう校則だと理解して入学したのではないか」とも。

結局そのディスカッションは、僕が「学校は生徒が作り上げるものではないですか。必要なら校則も変更したいです」と返したところで時間切れになりました。

とりあえず、そのディスカッションははじめの一歩でしたが、発言したのは生徒会の人間ばかりで、参加した他の生徒は拍手はするけど自分から手を挙げて発言してくれる人は少なかったです。

そういった生徒側の中途半端《ちゅうとはんぱ》な雰囲気があり、その後、いろいろ学校側の妨害工作とか紆余曲折《うよきょくせつ》あり、もめにもめ、結局僕らは戦いに敗れました。本当に情《なさ》けなく苦い思い出で、高校時代のことは全部忘れたいとすら思いました。

……………………………………………………………………

でも、思うのです。そもそもなんで日本はこんなに校則が厳しいのでしょうか。当時アメリカにいた高校生のいとこに、僕の学校の話をしたらびっくりされ「リボンの色？　時々そういうの聞くけど本当なんだね、日本の高校、Crazy!」と言われました。いとこの高校の服装は、制服がないどころか服装も髪も自由。まあ、アメリカの高校と比較してもしょうもないですが。

鴻上さんが校則についてTwitterで書いているのをみて、びっくりしました。鴻上さんと同じくらいの昭和のうちの高校の先生と、なんでこんなに考えが違うんだろう。

そもそもが知りたいのですが、日本の高校の校則が厳しいのは、やっぱり昭和に学校が不良ばかりですごい荒れた時代があったからなんですか？　学校の先生たちの、あのかたくなな校則への執着《しゅうちゃく》が、今でも謎《なぞ》です。

ピックさん。少し、僕の高校時代の話を聞いて下さい。僕は、昭和の時代、県立高校の生徒会長をしていました。

立候補した時の公約は「校則の自由化」でした。

僕の時代も、ピックさんの高校とあまり変わってなくて、女子の「リボンの色」や男子の「髪は耳にかぶさらない」などの他に「女子のストッキングの色は黒」なんていう「どう考えても無意味としか思えない」校則がたくさんありました。

ピックさんと同じように廃止を訴えて、それなりの支持を得て、当選しました。すぐに、なくすために先生達に働きかけましたが、生徒指導の先生に「お前はこの高校を荒れた高校にしたいのか」ときつく抑えられました。

僕は、「無意味な校則を無くすことこそ、学校を健全にすること。無意味な校則を押しつけられることが、学校と教師に対する不信感を生み、生徒の心を無気力・無関心にしている」と感じていました。

僕は、先生達と話すだけではムダだと考えました。僕は愛媛県出身なのですが、「愛媛県全体の高校生徒会がまとまらないと力を発揮できない」と決意しました。

生徒会が集まり、情報を交換し、知恵を出し、共に戦うことでしか、この状況を打開する方法はないと考えたのです。

ただし、学校側はそんな集まりは絶対に許さないだろうと思いました。すべては、先生に知られないように秘密に進めなければいけないと考えたのです。

その当時、愛媛県には公立高校が52校、私立が11校ありました。僕は、友達を頼ったり、友達の友達を頼ったりしながら、各地の生徒会長と連絡を取り、土日を使って会いに行き、『愛媛県高校生徒会連合』を作らないかと提案しました。

愛媛県は、東西に細長く広がり、東予《とうよ》、中予《ちゅうよ》、南予《なんよ》と三つの地域に分かれています。

僕の住む新居浜《にいはま》市は、東予にありました。松山《まつやま》市がある中予と八幡浜《やわたはま》市がある南予は、それぞれに電車で数時間かかる距離で、頻繁《ひんぱん》に会議をするのは、高校生の立場では不可能でした。

僕は、中予と南予の生徒会長を一人選び、それぞれの地域で『愛媛県高校生徒会連合』を進めてくれないかと熱く頼みました。

そして、自分達の東予地区18校の生徒会長と何度も会いました。14校の生徒会長が賛同してくれて、『愛媛県高校生徒会連合　東予支部』を発足させました。

全員で学校に無届けで合宿し、14校が「各学校で校則がどれぐらい違うか？」を話し合いました。

僕の学校では黒色のストッキングが指定で、ベージュのストッキングは「華《か》美《び》である」という理由で禁止されていました。

隣町の高校では、ベージュが指定で、黒色は禁止でした。その理由を尋《たず》ねた生徒会長に、生徒指導の先生は「黒色は娼婦《しょうふ》っぽいだろ」と答えたと教えてくれました。ということは、僕の高校の女子生徒は、みんな娼婦っぽいのかと、僕は怒りを通り越して笑いました。

東予地区14校の校則を比べるだけでも、いかに「校則に根拠がないか」がよく分かりました。

僕は、生徒会名義の学校新聞を配布して、他の高校との比較を載《の》せました。そのデータに基づいた反論ですから、校内ではかなりの反響が起こりました。その行動に先生達は怒り、締《し》めつけはさらに厳しくなりました。

そのまま、どうにもならずに、任期は終わりました。公約だった校則がなんにも変わらなかったじゃないかと、僕は何人かに責《せ》められました。「お前は嘘《うそ》つきだ」と。

僕は、『愛媛県高校生徒会連合』を作ったんだ、着々と力を付けているんだ、もう少ししたらなんとかなると思うと言いたかったのですが、発表してしまうと、学校側は間違いなくつぶしにかかると考えて、黙っていました。

そして、高三の冬、何人かで協力して、東予地区14校の校則をまとめ、比較した本を『愛媛県高校生徒会連合東予支部』名義で300部ほど作りました。記録として『愛媛県高校生徒会連合』の二期目のメンバー達に残そうとしたのです。

僕の高校では、僕が頼んだ後輩が立候補して、生徒会長に当選していました。彼は、『愛媛県高校生徒会連合』を引き継ぎ、発展させると約束してくれていました。

卒業式の日、突然、生徒指導の先生に呼ばれました。そして、「鴻上は、生徒会連合って知ってるのか？」と聞かれました。僕は全然、知りませんと答えました。すると、「××高校の生徒会長が、『生徒会連合』の会合に出ていいかと生徒会顧問の教師に聞いてきたんだ。どうやら、『生徒会連合』なるものがあるみたいじゃないか」とさらに聞かれました。僕は「全然、知りませんねえ」と答えました。

生徒指導の先生は、「大人が平気で嘘をつくから、若者も嘘をつくようになったのかねえ」と僕をじっと見ました。

ロッキード事件という世界的な汚職事件が社会問題になり、「いっさい、記憶にございません」という言葉が流行語になった時期でした。

それからはあっと言う間で、各高校で「絶対に『生徒会連合』に関わってはならない」という厳しい指導がされて、一年弱で、『愛媛県高校生徒会連合』は無くなりました。

その時、作った本は結局、どこにも配れないまま、今でも、ある高校の生徒会の書記だった女性の家にあります。

さて、ピックさん。長い話をしてしまいました。

僕はこの時から今まで、ずっと無意味としか思えない厳しい校則に対して怒っています。

日本の校則に根拠はないのです。リボンが「白なんてちらつくし、教える側の集中力もそぐ」なんて言葉は、正気《しょうき》の大人が言う言葉ではありません。

もし、民間の会社で「女子社員のリボンの白は、ちらつくし、集中力をそぐ」と発言した上司がいたら、「疲れているんだね。休んだ方がいいよ」と心配されるでしょう。

アメリカにも、もちろん校則というかルールはあります。でも、それは「銃、ナイフは学校に持ち込んではいけない」とか「下着姿で学校に来てはいけない」というものです。銃やナイフを持ち込むとケガ人や死人が出る可能性があるし、下着姿で教室にいると、あきらかに男子生徒は困ります。ちゃんと根拠があるのです。

でも、リボンの色が白になっても誰も困りません。なのに、先生達は「かたくなな校則への執着」を見せるのです。ピックさんが疑問に思うのも、もっともです。

「やっぱり昭和に学校が不良ばかりですごい荒れた時代があったからなんですか？」とピックさんは聞きますが、違います。

「生徒指導困難校」とか「教育困難校」と呼ばれたりしますが、こういった高校は昭和の時代も令和の時代もあり、全体から見ると少数派、一部です。

けれど、無意味に厳密な（場合によっては、「ブラック校則」と呼ばれる）校則は、日本の高校、ほとんどすべての高校にあります。厳しい校則が荒れた結果なら、日本のほとんどすべての高校に荒れた過去があることになります。そんなバカな、です。

一般的に偏差値の高い高校ほど、校則が自由になる傾向があります（もちろん、例外もありますが）。

そして、荒れている高校は厳しく指導されます。僕が重大な問題だと思うのは、特別荒れてもいない、平均レベルの高校でも、無意味な校則が多いということなのです。

そして、無意味な校則は、「高校生らしい」「中学生らしい」という、じつに何の根拠もない言葉で「思考停止」を強制します。

少し前、ツーブロックという髪形が「高校生らしくない」という理由で禁止だと報道されていました。すぐに、「ホテル業界では、ツーブロックは清潔感ある髪形とされています」とか『サザエさん』に出てくるタラちゃんはツーブロックだぞ」とか（笑）、いろんな反応が出ていました。

僕が危惧《きぐ》するのは、比較的真面目《まじめ》で優秀な生徒こそが「高校生らしくない」という根拠のない言葉で、「思考することをやめる」習慣に染《そ》まることなのです。

真面目な生徒は、根拠のないことを几帳面《きちょうめん》に受け入れるのです。そして、思考しても答えがないと予感するから、思考することをやめるのです。

もし、中年の先生が「ツーブロックは私の高校時代にはなかった。私の高校時代になかったものは、すべて、許せない」と言うのなら、その正しさは別として議論ができます。

「先生の高校時代になかったものは、なぜダメなのか？」と、思考を続けることができるのです。

「なぜ？」という疑問を追及することが「思考すること」の原点です。たくさんの「なぜ？」を考え、それをひとつひとつ、自分で解決していくことが教育だとも言えます。

でも、「ツーブロックは高校生らしくない」という断定は、議論をするきっかけがありません。なんの論理もないので、思考を停止するしかないのです。今の子供達は、中学生の時から、「なぜ？」という疑問を追及することではなく、「そういうものだ」という思考停止を受け入れることが日常になっていると僕は思っています。

そして、（説明が長くなってしまうのでいきなり論理が飛んだと感じるでしょうが）ソニーとか任天堂《にんてんどう》とか、かつて、グローバル企業を生んだ日本ビジネス界が、現在、まったく創造的な世界的カンパニーを生み出せていないのは、優秀な生徒ほど、子供の頃から「思考停止」を受け入れてきたからだと僕は思っているのです。

さて、ピックさんの疑問です。なぜ、学校の先生達は、「かたくなな校則への執着」を続けるのでしょうか？

僕の考えは、学校というのは、日本に数少なく残っている強力な「世間」だから、ということです。

この連載で、何度か日本特有の「世間」について説明しました。

自分と関係のある人達で作っている集団が「世間」です。無関係な人達を「社会」と呼びます（詳《くわ》しくは、1冊目の『ほがらか人生相談』の相談2「個性的な服を着た帰国子女の娘がいじめられそうです。普通の洋服を買うべきですか？」〈この文庫版では相談1〉、相談4「鬱《うつ》になった妹が田舎に帰ってきましたが、世間体《せけんてい》を気にする家族が、病院に通わせようとしません」〈同相談4〉を読んで下さい）。

「世間」の特徴は、「所与性《しょよせい》」と言われるものです。これは、「今のままでいい。大した問題が起きてないのだから、わざわざ変える必要はない。昔からある、与えられたシステムを続けよう」という考え方です。

長い時間、日本の「世間」は変わらないまま、あり続けることができました。変えることより、今までのやり方を続けた方がうまくいく、と思われてきました。事実、昭和の後半ぐらいまでは、それでなんとかやってきました。

わざわざ、別なやり方をやることは、失敗の可能性の方が大きいと思われたのです。

けれど、今までのやり方では、はっきりと通用しない時代がやってきました。価値観が多様化し、グローバル化が変化を加速しました。気付いた企業は、試行錯誤《しこうさくご》を続けながら、生まれ変わろうとしました。けれど、「今までのやり方でいいじゃないか」と思ってしまった企業は、どんどんと傾き始めました。まさかと思われるような大企業が倒産したり、合併したりしています。

学校は完全に取り残されました。世の中がどう変わろうと、「今までのやり方でいいじゃないか」と思っています。そんなことはない、日々、努力していると反論する人もいるでしょうが、今までの枠組みの中での努力です。枠組みの根本的《こんぽんてき》な問い返しをしている人は本当に少数派です。

と書くと、「お前は学校の何を知っているんだ?」と突っ込まれます。

ですから、学校の当事者が書いた一冊の本を紹介します。

『学校の「当たり前」をやめた。生徒も教師も変わる! 公立名門中学校長の改革』(千代田区立麹町《こうじまち》中学校長　工藤勇一《くどうゆういち》著　時事通信社)です。

工藤さんは、さまざまな学校の当り前をやめました。

「服装頭髪指導を行わない」はもちろんのこと「宿題を出さない」「中間・期末テストの全廃《ぜんぱい》」「固定担任制の廃止」などです。

驚くと思いますが、全部にちゃんと理由があります。そして、麹町中学校の生徒達の成績は下がるどころか、上がっています。

工藤さんは学校では「手段が目的化」してしまっていることが一番の問題だと指摘します。

なんのために「服装指導しているのか？」という「目的」がよく考えられないまま、服装指導という「手段」が目的化している。学習指導要領や教科書という「手段」でしかないものが、絶対的基準の「目的」となって、消化してこなす対象になってしまっている。

そもそも学校の「目的」とはなんなのか？と、工藤さんは問いかけます。

それは「社会の中でよりよく生きていけるようにする」ことではないのか。そのために考えられたいろいろな「手段」なのに、それを厳密に実行することが「目的」になっていないか。

1ページ1ページ、本当に発見と感動がある文章で、僕は思わず涙ぐんでしまいました。僕が中学の時、この文章に出会っていたら、どれほどムダな怒りと痛みを避《さ》けられたことか。

多くの人にぜひ、読んで欲しいのですが、工藤さんの書く「手段が目的化」している状態というのは、じつは、「所与性」の大きな特徴です。

「今までのやり方でいいじゃないか」と思って倒産した大企業は、利益を追求するという「目的」ではなく、今までのやり方という「手段」を一番の「目的」としたのです。「目的」ではなく「手段」を一番に考えるのは、「とにかく今までのやり方を続けよう」と思う「所与性」です。

「クラスのまとまりを大切にしよう」とか「絆《きずな》」「団結」なんて「目標」が、学校では盛んに語られます。

けれど、これらは、「何かをするため」の「手段」です。「何かをする」ためにまとまり、団結するのです。ですが、何をするかという「目的」は語られず、ただ、まとまろうという「手段」が声高《こわだか》に語られ、「目的」にされるのです。

工藤さんは書きます。

「『みんな仲良くしなさい』という言葉があります。この言葉によって、コミユニケーションが苦手な特性を持った子どもたちは苦しい思いをしているのではないでしょうか。よかれと思って、多くの教師が使っている言葉で、結果として、子どもが排除されることになってはいけません。『人は仲良くすることが難しい』ということを伝えていくことの方が大切だと私は考えています」

これが、教育評論家ではなく、民間人校長でもなく、教育界プロパーで育った、現場の中学の校長先生の言葉であることに僕は心底、感動します。

工藤さんは「手段の目的化」以外に、もうひとつ、「より上位の目的」を忘れてしまうことが問題だと書きます。

買い食いをした生徒を厳しく叱《しか》っている先生に対して、「どうでもよいことと、どうでもよくないことを、分けて叱りませんか」と提案します。

より上位の目的、最上位目標は何か？と常に問いかけることは、「所与性」の対極に位置します。

ワークショップをしていると、参加者がいつのまにか床に「体育座り」をしている風景をよく見ます。足を折り曲げて、手を足の前側で抱《かか》えるように組んで座る「体育座り」は、小学校低学年から指導されます。大人になっても無意識にやっている姿を見ると、本当に日本人の身体に染《し》み込んでいるんだなと感じます。

でも、この座り方は、曲げた太股《ふともも》が下腹部を圧迫し横隔膜《おうかくまく》を下がりにくくするので、呼吸が浅くなり、身体に良い影響は与えないのです。特に、運動する前、深く呼吸して気持ちを落ち着け、身体に酸素を行き渡らせるという大切な目的に対して正反対の座り方で、運動する時には最も不適切な座り方なのです。

けれど、ずっと「体育座り」の指導は続いています。

どうしてでしょうか？ それは、「体育座り」の目的が「子供達を秩序《ちつじょ》よく座らせる」ということだからです。足を閉じて手を前で組むことで、手遊びを防止し、ヨロヨロウロウロする余計な動きを防ぐことが目的です。

体育という教科の一番大切なことは、「秩序を作ること」でしょうか？ 僕は、体育の最上位の目的は「子供達を健康にすること」だと思います。

「所与性」は「何が一番大切か？」と問いかけません。今あるシステムを続けることが目的ですから、「何がより上位の目的か？」と問いかける必要がないのです。

もちろん、常に「より上位の目的は何か？」と問い続けることは、タフな精神とエネルギーを必要とします。でも、それが結局、よりよい結果を生むのです。

工藤さんは書きます。

「校長が覚悟を持って、自らの学校が置かれた立場で何が必要かを真剣に考え抜くことができれば」学校は変われると。「覚悟」という言葉が素敵《すてき》です。

ピックさん。

長い文章になりました。「校則」の問題は、言いたいことがたくさんあるのでヒートアップしてしまうのです。でも、同時に、こんなに長く長く書いたのは、あなたの戦いは無駄《むだ》ではなかったと言いたいからです。

僕は、ずっと高校時代の自分の戦いが自分を支えていると感じています。『愛媛県高校生徒会連合』は、政治党派や宗教団体、あらゆる組織と一切《いっさい》関係なく、純粋に「無意味な校則に怒った生徒達」が集まりました。一年弱で潰《つぶ》されましたが、その時の怒りは本物で貴重だと思っています。

大きな目で見れば、世界は、じつは「個人の自由・権利」がより守られ、拡大する方向に動いていています。

そんなバカな？と思うかもしれませんが、ＬＧＢＴＱ＋への理解や、反ヘイトの潮流《ちょうりゅう》、同性婚の拡大など、世界的規模で見れば、「個人を尊重する」方向に時代は動いています。

私達は、希望の時代を生きているのです。

もちろん、世界的視点ですから、地域によっては、逆行している人達もいます。生まれつき茶色の髪を染めろと女子生徒に命令した大阪の高校は、生徒の代理人弁護士に「たとえ金髪の外国人留学生でも規則で黒く染めさせる」と豪語《ごうご》しました。本当に実行して、世界的な問題になればいいなと僕は本気で思いました。

ピックさん。「本当に情けなく苦い思い出で、高校時代のことは全部忘れたいとすら思いました」なんて思わないで下さい。

あなたの体験は、きっと将来、役に立ちます。

「所与性」に安住《あんじゅう》した大人達と戦ったこと。「手段」を「目的」にしないこと。「より上位の目的」は何か？と常に考えること。そんなヒントをくれたのです。

とても素敵なことだと思います。

高校時代の戦いを胸に、どうか素敵な人生を歩まれることを祈ります。

相談25

「言い返さない」ことを選んだら、「なんでも言いやすい人」となってサンドバッグ状態です

25歳・女性　ぽつん

わたしは基本的に言い返すということをあまりしません。言い返すことと、そこで流して終わらせる苦労を天秤《てんびん》にかけたとき、流す楽《らく》さが勝つのです。というのも、そもそも反論したり諭《さと》したりする事で相手に何かしらの変化が見込める人ならいいのですが、「この人はどうせ何言っても変わらないだろうな」と思う人は相手にするだけ無駄《むだ》だと感じるからです。結果の出ない議論は怒りで自分を消耗《しょうもう》するだけに終わることを何度も経験し、24歳くらいでやっと理解しました。

しかし「言い返さない」が定着してくると相手から「言い返してこないからなんでも言いやすい人」になってしまいサンドバッグ状態です。流石《さすが》に何

も感じないわけでもないのですが、不快感が外に漏《も》れないようにするのが今のわたしにはやっとなので言い返す瞬発力《しゅんぱつりょく》がありません。あとに少しの後悔が残るだけです。理想はそもそも怒りが湧《わ》かないレベルに達したく、身近《みぢか》にいるそういう人に教えを請《こ》うてみたのですが、「全て一回受け止め、すぐに手放す。深く考えない、バカにされたとか見下されたとかどうでもいい」でした。

ここまでくれば生きるのが楽そうだなあと思う反面、なんだか冷たさを感じてしまって結局どうするのがいいんだろうと頭を抱えています。そもそも土俵《どひょう》が違う人と喧嘩《けんか》をするのが面倒なのですが、現状をなんとかしたい気持ちもあります。

未熟者へ対処法をご教授ください。

いえいえ、ぽつんさん。「未熟者への対処」と書かれていますが、これは、大人になってもなかなか解決しない永遠の課題です。

ぽつんさんが未熟なのではなく、これがうまくいけば、「人間関係のトラブル」の大半は解決するでしょう。

ぽつんさんの言うように、「言い返すことと、そこで流して終わらせる苦労を天秤にかけたとき、流す楽さが勝」ちます。

僕もそう思います。「はいはい」と聞き流せば、とりあえず、やり過ごせますからね。

でも問題は、これもまた、ぽつんさんが自分で分かっているように、「『言い返してこないからなんでも言いやすい人』になってしまいサンドバッグ状態」になることです。

その時、ぽつんさんが目指そうとしているのは、「そもそも怒りが湧かないレベルに達した」ということですね。でも、これは、悟《さと》りの境地というか仙人というか、究極の諦《あきら》めの状態ですよね。この状態になるのは、生きている人間としては不可能なんじゃないかと思います。古くから、仏教やキリスト教の偉い人達でさえ、成功例は少ないと思います。

僕も、もちろん、内心、不満があったり、納得してないのに反論しないで聞き流すことがあります。それは「この人とは二度と仕事をしない」という時です。その一回だけで、将来はなく、未来の予定を共有してない時は、あえて反論しません。

ただ一度、雑誌やネットのインタビューに来られて、その態度と言葉がものすごく失礼な人でも「この一回だけだから」と思って、聞き流します。

以前、インタビュー中に僕の名前をずっと「こうかみ」ではなく、「かわかみ」さんと言い続けた人がいました。訂正して波風《なみかぜ》立てるのもなんだなと思って、そのまま、インタビューを終えました。

でも、一回だけのインタビューだとしても、「あんたは嘘《うそ》つきだ」と一方的に言われたら、言い返すと思います。

それは、その場では聞き流すのが楽でも、ぽつんさんが言うように、後々、問題が起こるからです。

その言葉が独《ひと》り歩きして、その場でスルーする楽さの何十倍のしんどさがやって来ることが予想できるからです。

その時は、ぽつんさんが言う「この人はどうせ何言っても変わらないだろうな」ということは、あまり関係ありません。

後々、自分が何も反論しない「サンドバッグ」だと思われないために、そうするのです。

僕は40年ほど演劇の演出家をしていますが、「意見を言って相手が変わるか変わらないか」は見抜けません。

演劇の現場では、毎日、大勢の人と議論します。意見を言い合い、反論したりされたりして、また話し合い、時には説得し、時には相手の意見を受け入れ、物事を進めていきます。

ベテラン俳優さんから「こういう演技をしたいんだけど」と言われる時があります。僕は納得すれば、「それでお願いします」と言い、納得しなければ「それは、こういう点で違うと思うので、やめて下さい」と伝えます。

すると、「ああ。ちゃんと判断してくれて嬉《うれ》しい」と多くのベテラン俳優さんは言います。どういうことですか？と聞くと、「ほとんどの若いディレクターや監督、演出家は、僕がやりたいと言うとすぐに『いいですねえ』と言うだけなんです」と少し淋《さび》しそうな表情になります。

僕は初めてこう言われた時はびっくりしました。もうずいぶん前、僕も若い演出家でしたが、言う方としては、「怒らせたらどうしよう」とか「気まずくなったら嫌《いや》だな」とドキドキしているのに、ベテラン俳優さんはこんなことを考えているんだと驚いたのです。

このベテラン俳優さんは、顔が怖く（失礼！）、間違いなく「何言っても変わらない人」に分類されていました。でも、実際に言ってみたら、こんな反応が返ってきたのです。

もちろん、言うとムッとして、スネたり、怒ったりする俳優さんもいます。でも、外見ではなかなか分かりませんし、気分屋で、昨日は納得して、今日はムッとする人もいました。

ですから、「この人はどうせ何言っても変わらない」かどうかは、実際に言ってみないと分からないと僕は思っています。

そして、言ってみた時に、「ほら、やっぱり変わらなかったじゃないか」となっても、それは、無意味な行動じゃないと僕は思っています。

「何言っても変わらない人」との「結果の出ない議論は怒りで自分を消耗するだけ」と、ぽつんさんは書きますが、「何言っても変わらない」理由は、「バカだから」「頑固《がんこ》だから」だけではなく、「信念があるから」「ビジネスのビジョンが違うから」「大切なことの順番が違うから」という場合も普通にあります。

そういう時は、ぽつんさんが納得する結論が出る方がおかしいのです。

もちろん、双方が大人で、「自分の信念に対して客観的にジャッジできる」とか「自分のビジネスモデルの長所と短所が明確に分かっている」とかの場合は、お互いに等しく妥協《だきょう》した一致点を見いだせますが、これは、「対話の高等技術」で、自分だけが大人でも、相手が自分の考えに固着《こちゃく》する人なら無理なのです。

ですから、相手の言葉をスルーせず言い返すのは、「議論の結論を出す」ためではなく、自分が何を考えているかをアピールするためだけなのです。

なんのために？　後々、「サンドバッグ」にならないためです。

僕は僕の指示を無視して、自分のやりたい演技をする俳優さんにも、一応、「何をして欲しいか」を伝えます。絶対に意見を変えないと分かっている場合も、諦めながら、一応、希望を口に出して音声化します。

それは、相手および周りの俳優やスタッフに「鴻上はこういうビジョンを持っているんだ。でも、それは通じないんだ」ということを示すためです。このことはとても大切なことだと思っています。

黙って相手の演技を認めてしまうと、「鴻上は、相手の言うがままなんだ。自分の意志はないんだ。サンドバッグなんだ」と思われてしまいます。「言ったけど、相手は受け入れなかったんだ」と思われることと、全然違うのです。

もちろん「言ったのに、相手を説得できなかった。鴻上はダメな奴《やつ》だ」と思う人がいるかもしれません。

けれど、「信念から」「独自のビジョンから」「自分なりの計画で」意見を変えない人を、簡単に説得できるはずがないのです。そして、それでいいのです。

あえて口にするのは大変だと思うかもしれませんが、相手が意見を変えることはないと諦めていますから、腹はそんなに立ちません。

受け入れなくてもいい、とにかく言うだけという場合は、意見や要望ではなく、ただの感想になりますから、口に出す抵抗も減ります。

でも、ちゃんと言うことは大切なのです。それは、周りに「あの人はサンドバッグではない」「あの人にも意志はあるんだ」と思わせる大切な行動なのです。

どうですか？　ぽつんさん。

まずは、「不快感が外に漏れないようにする」のではなく、ちゃんと「不快感を外に出す」ことから始めてみるのがいいと思います。そして、「言い返す瞬発力」ではなく、つまり、意見ではなく「感想」を言うようにするのはどうでしょうか。

クレーム対応のテクニックで、相手が高圧的で「バカ野郎！」とか「ふざけるな！」「お前じゃ話にならない！」なんて言われた時は、「すみません。お客様の口調があまりに怖くて、頭が真っ白になりました」と正直に言う、という方法があります。

反論するのでも、意見を言うのでもなく、感想を語るテクニックです。「怖い」と具体的に言うので、クレーマーがひるみ、攻撃の口調が穏《おだ》やかになる傾向が生まれることが多いテクニックです。

ぽつんさん。

相手に分かってもらえなくてもいいのです。ただ、私にも意志はあるんだ、思っていることはあるんだと表明するのです。

何十回かに一回は、「言ってもムダだ」と思っていた人から意外な反応が返ってくるかもしれません。

もちろん、返ってこないことも多いでしょう。でも、それでいいんです。

じつは、感想を繰《く》り返し語っていくことで、ぽつんさんの交渉スキルは間違いなく上達します。

やがて、感想から意見に変えても、お互いの着地点を見つけ出せるかもしれません。

ただ黙って「サンドバッグ」になるのは、そういう可能性も捨てるということです。なんてもったいない。

私にも意志がある。通じるか通じないかに関係なく意志がある。そう、感想を語りましょう。

それが結果的に、一番、楽なことになると僕は思っているのです。

ぽつんさんから、掲載直後の感想文

不快感を出すということはなぜかいけないものだと思っていたので、思いがけないアドバイスをいただけました。今はまだ嫌なことを言われたときに、黙って流してしまうクセがついていてなかなか難しいのですが、自分に怒っていいんだと言い聞かせていつか自然にそれができるようになれたらと思います。

この度は相談に乗ってくださりありがとうございました。

相談26

私が妊娠中に夫が浮気していたとわかり、夫への復讐《ふくしゅう》ばかり考えてしまう自分がいます

38歳・女性 アンナ

半年前、ふと夫の携帯の暗証《あんしょう》番号がわかってしまい、衝動《しょうどう》にかられてメールを見てしまいました。そしたら3年前、私が妊娠中に浮気をしていたことがわかってしまいました。

本当にショックで、数日間はよく眠れませんでした。ですが、夫には言わずにいます。

つきつけたところで、幼児を抱《かか》えて離婚して、何のいいことがあるでしょう。私に生活力があるわけでもないので、貧困のシングルマザーに陥《おちい》るだけで、夫が第二の人生を謳歌《おうか》したらと思ったら、絶対そんなの許せないと思いました。

でも、どうしても許せないです。夫にどうしたら復讐できるか、そればかり考えてしまう自分がいます。もしかして子どもにも悪影響を与えるんじゃないかと、自分でもこわくなりますが、おさえきれません。

私はこの恨《うら》みを抱えたまま、生きていくしかないのでしょうか。

アンナさん。つらいですね。今までもらった人生相談の中でも、これはかなりハードなものだと思います。

アンナさんの状態は、昔の言い方だと、まさに「八方塞《はっぽうふさ》がり」というものですね。デッドロックというか、暗礁《あんしょう》に乗り上げた状態ですね。

で、先に正直に言えば、僕はアンナさんの悩みを解決する名案が浮かびません。ごめんなさい。これだ！という名案は思いつきません。

でも、そういう時、僕はとにかくどんなふうに「八方塞がり」なのかを整理してきました。目の前に立ち塞がる壁を正確に描写《びょうしゃ》することで、何かが見えてくるかもしれないと思っているのです。

まず、今のアンナさんは、「浮気が許せないから離婚したい」が、「生活力がないから貧困のシングルマザーになってしまう」と思ってますね。

「自分が貧困のシングルマザー」になって、「夫が第二の人生を謳歌したら絶対に許せない」と怒ってますね。

つまり、精神的には「離婚してもいい」と思っているが、経済的な理由で「離婚はできない」ということですか？

仮定の話ですが、もし、経済的に安心なら、アンナさんは離婚したいですか？ 実家が裕福とか、アンナさんに充分な蓄《たくわ》えがあるとか、手に職があるとかで、経済的な見通しが立つなら、離婚ですか？ それとも、夫への恨みは、「離婚」という形で表すのは違いますか？

さて、次の質問です。

その浮気は、現在はどうなっていますか？ 続いているようですか？ それとも、3年前の妊娠中だけの一時的なものでしたか？

現在も継続中の場合と、一時的な場合では、怒りのレベルは違いますか？ 浮気は浮気ですから、怒りのレベルは変わりませんか？

妊娠中に夫が浮気をするのと、それ以外の時期にするのでは、怒りのレベルは違いますか？　妊娠中の浮気の方が怒りのレベルは高いですか？　それは何故《なぜ》ですか？

鴻上は何を聞き続けているのか？とアンナさんは思いましたか？

アンナさんを閉じ込めている壁をとにかく正確に描写しようとしているのです。つまり、自分は何に怒り、どういうことが許せないのかを、つらいですが確認したいのです。

続けますね。

今現在、夫との仲はどうですか？

どんどん冷えきってますか？

夫は、何も言いませんか？　半年間で急に態度が変わったアンナさんに、「どうしたの？」と聞いてきましたか？

もし、何も聞いてこないとしたら、アンナさんにそもそも関心がないということですか？　浮気を見つける前の関係はどうでしたか？　ラブラブでしたか？　すでにすきま風が吹いていましたか？

もし、この半年の間で、夫が「どうしたの？」と聞いていたとしたら、アンナさんは何て答えましたか？　夫が心配しているとしたら、そのことをどう思いますか？　もう何とも思いませんか？　心配する顔が余計、憎《にく》くなりますか？

さて、目の前の壁を正確に描写することと同時に、自分の気持ちを正確に描写することも意味があると僕は思ってます。

この連載で以前も書きましたが、ある感情に振り回されている時、「自分はどうしてそう感じているんだろう？」と考えることは、一時的にであれ、その感情から自由になる方法です。少しでも自由になれば、自分にとって何が一番いい方法なんだろうと考える余裕が生まれるのです。

どうして許せないんだろう？と考えたことはありますか？　何を当り前のことを聞くんだと思いましたか？　でも、「浮気で一番許せないことは何か？」を考えてみませんか？

アンナさんにとって、一番許せないことは何ですか？　メールの文章ですか？　妊娠中だったことですか？　相手の特徴ですか？　セックスをしたことですか？　裏切られたことですか？

さて、「復讐」についてです。どんな復讐をしたいですか？　どんな復讐が可能だと思いますか？　どんな復讐なら意味があると思いますか？　アンナさんが浮気をすること？　夫を暴力的に殴《なぐ》ること？　こっそり料理の中にいけないものを入れること？　アンナさんは、どんな復讐を本気でしたいですか？　または、復讐したいという気持ちはあっても、どうしたらいいかまったく浮かびませんか？

考えましょう。とにかく、考えて、自分の気持ちと向き合いましょう。そうするしか、心を整理する方法はないのです。

「忘れよう」とか「許せない」というのは、考えてないですよ。それは「悩んでいる」んです。僕が何度も書くように「考えること」と「悩むこと」を区別するのです。

「悩む」とそれだけで何時間も過ぎます。でも、何も「するべきこと」が浮かびません。頭も整理されていません。

「考える」と、とりあえず「やるべきこと」とか「仮の結論」が浮かびます。やってみて、間違っていたとしても、それは意味のある時間なのです。ひとつの仮説を潰《つぶ》して、次の仮説にたどり着けるのですから。

もし、真剣に考えて「離婚したい。問題は、経済力」と結論したとしたら、長期にわたって「経済問題」を解決する方法を見つけていきましょう。

子育てとの両立は大変ですが「資格を取って自立できる経済力を目指す」とか「副収入の道を探す」「こつこつと貯蓄する」なんてことでしょうか。

あまりお勧《すす》めしませんが、「よし、復讐しよう。目的は夫の生命《いのち》」と決めたなら、そこに向かって進む道もあります。「慰謝料と養育費をしこたま取って離婚」という復讐の仕方もあるでしょう。有能な弁護士さんを見つけるところから始まると思います。

「思い切って夫にぶちまける」という結論もあると思います。まだ夫への気持ちが醒《さ》めてないなら、この方法もありだと思います。夫の前で、この半年間のつらさをすべて吐《は》き出すのです。涙と鼻水と叫《さけ》び声で、全部出すのです。もちろん、子供がいない時間にです。

「もう一度、やりなおしたい」とアンナさんが強く思っていれば、最後の会話になることはないでしょう。

僕が言えることは、「どうしていいか分からず、思いを抱え込んだまま、ただ苦しみ、憎み、恨むという毎日は、精神状態にとてもよくない。だから、どんな小さな結論でもいいから出してみませんか」というものです。

アンナさんの言うように、このままだと、子供に悪い影響が出てくると思います。

どんな結論を出しても、何が正しいかなんて分かりません。大切なことは、とりあえずの結論を出すことです。間違っていてもいいのです。それは人間関係の仮説です。仮説は検証していくものです。慌《あわ》てず、焦《あせ》らず、じっくりと考えて、仮説にたどり着いて下さい。

アンナさんの人生が前に進むよう、心から応援します。

相談27

中学生だった頃、私を嫌っていじめた教師の記憶に区切りをつけたいです

23歳・女性 ふみえ

自分を嫌っていた教員に会いに行くか迷っています。私は中学生だった頃、一人の教員に嫌われていました。その教員は私の容姿《ようし》や言動の特徴をあげつらい、いじめてきました。腹立たしいのは、授業中の冗談の一環《いっかん》や注意の体《てい》をとっていたことです。

授業もうまく、人気のある教員だったので、それだけで生徒たちに「あいつには何を言ってもいい」という印象を植えつけていました。おかげで中学卒業まで私は他の生徒にバカにされ続けました。思春期の間、その先生にずっと苦しめられ、「なぜ私はこんなに嫌われるのか」と悩みました。

卒業してその後、私はその教員より有名な大学に入り、優しい恋人もでき

ました。そして、あの教員も一人の人間として弱さを抱《かか》え、悩みながら働いており、それなりに苦しかったのだとわかるようになりました。

でもいまだに、ふとした瞬間に中学生の頃に引き戻され、腹立たしさと悲しさでいっぱいになります。一生こんな思いをするのは嫌《いや》です。そこでいっそ、同窓会でもクラス会でもなんでもいいので、あの教員に会ってみて思いの丈《たけ》をぶつけてみようかと迷っています。謝罪してもらえなくても、許せなくても、なにか区切りをつけられるのではないかと思います。

同時に、「そんなことしても自分で傷口に塩を塗るだけではないか」とも思うのです。どちらの気持ちを天秤《てんびん》にかけても、同じくらい迷います。鴻上さん、ヒントをください。

ふみえさん。ヒントもなにも、ここまで思っているのなら、直接会って、正直に言った方がいいと僕は思います。

ふみえさんは23歳ですから、8年ぐらい前の話ですかね。先生も、まだ年老いていないでしょう。早く会って、思いのたけをぶつけてみたらどうでしょう。

それが一番、精神衛生上、良いと思います。

ただし、その時、いきなり、「バカ野郎！」とか「ふざけるな！」「絶対許さない！」と怒鳴《どな》るのではなく、必死で感情をコントロールしながら、ふみえさんが僕に説明してくれたように、ひとつひとつ、順を追って説明して下さい。

相手の教師は、授業もうまく、人気もあるということは、話術に長《た》けた人でしょう。

そういう人に、大人になって挑戦するのです。周到《しゅうとう》に準備しないといけません。そうしないと、簡単に反論されて、ねじ伏《ふ》せられてしまうかもしれません。

大切なことを伝えるためには次の４つのステップが必要です。

まず、一つ目は「相手のしたことを具体的に示す」です。ひどいことをした、なんていう抽象的なことじゃなくて、どんなふうに容姿をあげつらったか、授業中に何を言ったかを、ひとつひとつ具体的に説明するのです。

二つ目は、「その結果、自分にどんな影響があったかを具体的に説明する」のです。これも、ただ「傷ついた」とかではなく、「どんな気持ちがしたか」「どんなことが起こったか」「どんな精神的傷を受けたか」を言うのです。

そして三つ目は、「今、現在の感情を冷静に伝える」ということです。教師を目の前にした自分の感情です。たぶん興奮して、怒りと恐怖に包まれて、混乱すると思いますが、それを冷静に伝えるのです。「あの時のことを思い出して、今、怒鳴りたくなっています」とか「あなたを前にして、許せないという気持ちが溢《あふ》れています」なんてことです。

そして四つ目が「冷静に自分の希望を語る」のです。「冷静」ということが一番、大切です。

謝《あやま》って欲しいのか、どうしてこんなことをしたのか説明して欲しいのか、ただ話を聞いて欲しかっただけなのか。

これは、僕の著作『コミュニケイションのレッスン』（大和書房）の中の「交渉する」という項目のテクニックです。

本当に大切で重要な交渉の時、気持ちは高ぶって感情的になりがちです。でも、感情に振り回されたら、何も伝わりません。

本当に大切なことを伝えようとする時に、感情的になったら負けなのです。

日本人はつい、「気持ちがあれば必ず伝わる」と思い込もうとしますが、残念ながら願望であり、ただの誤解です。

ふみえさんが一大決心して、教師に会うのです。ただ感情的になって、混乱して、うまく伝えられず、教師にも反論されて、結果的に「会うんじゃなかった」と後悔しないようにしないといけません。

そのためには、各ステップで言うことを整理して下さい。

そして、目の前に教師がいるつもりで、何度もシミュレーション・トレーニングをするのです。

椅子《いす》をひとつ目の前に置いて、そこに教師が座っているとイメージしながら話しかける、なんていう方法が有効だと思います。まるで演劇のセリフのように、繰《く》り返し練習して、興奮していても混乱していても、順を追って話せるようにするのです。

どうですか、ふみえさん。

大変だなと思いましたか？　自分が本当に思っていることを、ちゃんと相手に伝えることは、とても大変なことなのです。

ただ感情を発散することは楽《らく》ですが、それでは何も伝わりません。感情を爆発させることも、事務的なことを冷静に伝えることも簡単です。

一番しんどいことは、「感情が爆発しそうなことを冷静に伝える」ことです。とても難しいですが、これが「いまだに、ふとした瞬間に中学生の頃に引き戻され、腹立たしさと悲しさでいっぱいになります」という状態から抜け出す、一番確実な方法だと僕は思います。

なによりも、ふみえさん。そんな交渉ができるように努力することは、魅力的な大人になるレッスンです。

ひどい教師への対決の練習が、素敵《すてき》な大人になる練習になるのです。まさに一石二鳥です。

成功してもうまくいかなくても、この努力はふみえさんを素敵に成長させると思います。

健闘を祈ります。

ふみえさんから、掲載直後の感想文

回答を読みました。

新しいアサーションの方法を教えていただけて嬉しかったです。

今思うと私は、この教師に悩まされた学生時代、こんな助言が欲しかったのだと思います。慰《なぐさ》めてくれたり、愚痴《ぐち》を聞いてくれる大人もいて、それはそれでありがたかったのですが、でもそれよりも具体的で最善の方法を取るにはどうすべきか一緒に考えてほしかった。

実はこの教師に目をつけられていたとき、クラス全体でもなんとなく目をつけられ、からかわれ、辛《つら》い思いをしていました。

そんなとき、新聞だか雑誌だかのエッセイで「いじめを受けていたら逃げなさい。自殺するふりをしてもいい。ひっくりかえって泣き喚《わめ》いてもいい。とにかく逃げて、生き延びなさい。君は死んではいけません。」という文を読んで、とにかく生きようと思いました。

それを読んで考えが変わったというか、まあまずとりあえず卒業さえできればいいや、と思えました。それまで先生やみんなに嫌われる自分に問題があると思っていましたが、とにかくその問題は置いておこうと思えたのです。そこで気分転換でもしようと思い、図書館にあったテネシー・ウィリアムズの『ガラスの動物園』を読みました（題名が綺麗《きれい》だなと思ったので）。読んで初めてこの世には戯曲《ぎきょく》というものがあること、スクリーンを使った演劇があること、昔のアメリカにもひきこもり気味のニートのような女性がいることを知りました。それを知ると、この世にはもっと私の知らない本も映画も絵も舞台も音楽もあると思えました。それで、とりあえず学校ではやり過ごして、あとは好きなことだけしていればいいやと思いました。

あの文章を書いたのが鴻上尚史さんだと知ったのはここ最近です。偶然というかそういうものはこの世にあるな、と思います。コロナで演劇界も大変でしょうが、待ってる人はたくさんいますので、頑張っていただきたいです。

長い文になってしまいましたが、今回は相談を採用・掲載してくださりありがとうございました。なにかと大変な時代になってしまいましたが、どうかお体には気をつけてください。

相談28

結婚して2年、15歳の年の差夫婦ですが、早くもセックスレスで虚《むな》しいです

29歳・女性 すみれ

鴻上さん、こんにちは。いつも楽しくこのコーナーを拝見しています。

私の誰にも相談できない悩みを聞いてください。

私達夫婦は結婚して2年、生後5ヶ月の息子がいるのですが、早くもセックスレスになりそうです。

ちなみに15歳の年の差夫婦です（私29歳、夫44歳）。生後5ヶ月の子どもがいるので言ってることがおかしいと感じるかもしれませんが、色々経緯はあります。

結婚したのは2年前ですが、夫の仕事の都合で離れて暮らしていました。距離は車で2時間半程《ほど》の場所です。会えるのは多くて週に1度。セックス

の頻度《ひんど》は2週に1回、1ヶ月に1回、2ヶ月に1回、それどころか二人で温泉旅行に行った時ですらしないなど、どんどん少なくなっていました。

私は夫のことが大好きで、早く子どもが欲しかったこともあり「最近セックスが少ないのが寂《さび》しい。会えるときはできれば毎回したい」と伝えました。しかし夫からは「遠距離の移動と、(私の)機嫌《きげん》を取るのに疲れる」と言われ、なんだか寂しくなってしまい泣いてしまいました。そしてその時に仲直りでしたセックス（夫は仕方なしに）で妊娠し、生まれたのが現在5ヶ月の息子です。義務感がすごく伝わってくるセックスで、なぜかわかりませんが生まれた息子に申し訳なく感じてしまいます。

その後妊娠中から現在に至るまで、セックスしていません。妊娠後期から夫は転勤になり、一緒《いっしょ》に暮らせるようになりました。帝王切開ですが出産に立ち会い、今では息子を溺愛《できあい》しています。私の産後の体も気遣《きづか》ってくれます。

産後5ヶ月が経《た》ち、私の体も回復してきたのでまた夫婦生活を再開したいと思うのですが、あの時のやりとりが心の中でわだかまりになり、なかなか一歩踏《ふ》み出して旦那《だんな》に伝えることができません。最近、様子を窺《うかが》うために抱きついてみたりキスしたりスキンシップを取ってみたのですが、ポンポンと頭を撫《な》でられたりしてなんとなくあしらわれてしまいました。なんだかとても虚しい気持ちになりました。

夫の義務感を感じずに、純粋に愛し合ってセックスを最後にしたのはいつだっけ?と思い出せないくらい遠い記憶です。男性の体の仕組みはよくわかりませんが、44歳という年齢から性欲がなくなってきてしまっているのでしょうか。それとも出産を経験した私を性の対象として見られなくなってしまったのでしょうか。

このままずっとセックスレスなのかと思うと寂しくてたまりません。それどころか女性としての自分の存在すら否定されているように感じて涙が出てきてしまいます。

断られるのが怖くて自分から誘う勇気も出ません。

鴻上さん、男性の目線から、私がどのように夫に歩み寄れば良いのか教えて下さい。

…………………………………………………………

すみれさん。苦しんでますね。先に言いますが、これは難問です。じつに難問です。この『ほがらか人生相談』の今まで答えた中で、一番の難問と言っても間違ってないと思います。

今回だけは、うまく答えられる自信がありません。でも、あえて取り上げたのは、『ほがらか人生相談』が、なるべく幅広く、いろんな種類の相談に答えたいと思ったからです。

でも、難問です。ものすごい難問です。

なぜか？　理由は二つあります。

ひとつは、性の問題は、本当に人それぞれだからです。

ネットをググると、「私はこうやってセックスレスを解消した」なんて体験談とか記事が溢《あふ》れています。

たいていは、「シチュエーションを変えてみた」「刺激的な下着をつけた」「スキンシップを増やした」なんてことです。

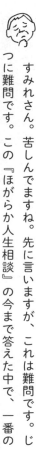

それで有効かどうかは、本当に一人一人、違います。

実際にすみれさんは、スキンシップを増やしてみたけれど、軽くあしらわれてしまったのですからね。

　通常、僕はセックスに問題がある時は、とことん話し合うことを提案します。私達は、カップルや夫婦の間で、「好きな食べ物」「好きな映画」なんてことをたくさん話しても、「好きなセックス」を語ることはほとんどありません。「好きなセックス」とは、「どんなふうに触ってほしいか」「どこを触ってほしいか」「どんなエッチがしたいか」「どんなエッチが嫌《いや》か」というようなことです。

　例《たと》えば、食事に関してはたくさん語ります。「○○が苦手で、○○が好きで、こんな味付けが嫌で」といろいろ語ります。そして、お互いが満足できる一致点を探ります。そうやって、食事の面でお互いが幸せになろうとするのです。

　でも、セックスに関しては、なかなか語りません。それでは、セックスの面で、お互いが幸せになる可能性が低いのです。

　ところが、セックスレスの時だけは、「話し合うこと」がマイナスになることが多いのです。

　それは、男も女も、「引け目を感じている」からです。

これは、一人一人違うセックスでも、一般化できることだと僕は思っています。そもそも、「一人一人違う」と言っているだけでは、何も解決しませんからね。

男は通常、セックスレスに対して「うしろめたい思い」を抱いているのです。「罪悪感」とまではいかない人も、「申し訳ない」とか「困ったことだ」という気持ちを、男達は持っています。セックスレスになる前に、ちゃんとした性《せい》愛《あい》期間があった場合は、ほぼ間違いなく、全員がそう感じているはずです。

すみれさんのご主人も、すみれさんに対して、間違いなく「申し訳ない」と内心、思っていると僕は思います。

それは、つまり、妻を愛しているという証拠です。愛しているから、申し訳ないと感じるのです。

「仕事とセックスは家庭に持ち込まない」と開き直るのは、セックスレスが何年も続き、それが日常になった時です。それでも、妻を愛しているという気持ちが続く人は多いです。

女性の場合は、セックスレスを夫に語る時、「私はもう女として見られてないのじゃないか」という深刻な表情になりがちです。すみれさんが「女性としての自分の存在すら否定されているように感じて涙が出てきて」と書く状態です。

ですが、この感覚は、男性側からすると、「そんな深刻な意味じゃない」と戸惑《とまど》うのです。

男性が「女性として愛する」という行為の中には、精神的な部分と身体的な部分があります。

セックスレスになった男性は、精神的に妻を女性として愛していながら、肉体的には愛する気持ちが減ってしまっている、という場合が多いのです。すみれさんが「私の産後の体も気遣ってくれます」と書くのは、夫がすみれさんを愛している証拠です。

精神的には、すみれさんをちゃんと愛《いと》おしいと思っているのです。

でも、身体的にどうしても愛することが難しくなります。繰《く》り返しますが、セックスだけが愛の証明ではないのです（セックスを求められることは、一番分かりやすい「愛されている」という実感です。でも、それは唯一《ゆいいつ》の愛の形ではないのです)。

こういう理由で、男も女も、セックスレスを話し合う時に、それぞれ深刻になりがちなのです。ですから、セックスレスの場合のみ、話し合えば話し合うほど、やっかいな状況になるという危険性があるのです。

さて、夫の性欲が減るのはもちろん理由があります。

一般化すると、男性側が原因のセックスレスは、子供が生まれた段階から始まることが多いです。

子供を産み、母となった妻を見ていると、「愛の対象」であっても「性の対象」として見られなくなるのです。

他にも、性欲が減る理由は、いくつかあります。

ひとつは、間違いなく日本の男性は仕事で疲れすぎていることです。

日本中の男性が、残業がいっさいなく、定時で帰る日々が続けば、やがて、セックスする元気を取り戻すはずです。

けれど、実際は、「セックスか睡眠か?」を考えて、多くの日本人男性は睡眠を取るのです。

二つ目の理由は、「愛情とは関係なく、性欲は減るもの」だからです。脳科学の研究と実験では、同じ相手とのセックスは、回数を重ねれば着実に減っていく傾向にあります。

誤解しないで下さいね。相手を愛おしいと思う気持ちはどんどん膨《ふく》らんでも、相手とセックスをしたいという性欲は減っていくのです。

三つ目の理由は、「かつてのセックスの記憶がじゃまをする」からです。

多くのカップルの場合、初期のセックスは盛り上がります。すみれさんの書く「夫の義務感を感じずに、純粋に愛し合ってセックス」ということです。同じ相手と関係を続けていくと性欲は減ると書きましたが、年齢でももちろん減っていきます。44歳というのは、男性の性欲では、確実に下り坂の時期です。一方、すみれさんの29歳は、女性の性欲としては、ピークを迎える時期だと言われることもあります。

そういう時期にセックスをしようとした時、「あの時のようなセックスをしないといけないのか。それは、無理だ。面倒《めんどう》だ。できない」と、男は思いがちなのです。それが、すみれさんが夫から言われた「(私の)機嫌を取るのに疲れる」という意味です。

夫は、すみれさんがどんなセックスを求めているか知っています。それは、昔と変わらない情熱的なセックスです。でも、それは、バリバリの性欲があったからできたのです。今、それがないのに、同じような情熱を求められると思うと、もう、セックスをする気持ちが失《う》せるのです。

だから、どうしたらいいんですか？と、すみれさんは聞きたいですよね。

残酷《ざんこく》な言い方ですが、すみれさんが、かつての情熱的なセックスを求めている限り、セックスレスは続くんじゃないかと僕は思います。夫は、すみれさんの気持ちを感じて、腰が引けて逃げると思うからです。

でも、キスやハグ、スキンシップだけでは満足できないのですよね。その気持ちも分かります。

一般的な対策は、「夫にちゃんと休暇を取ってもらう」「すみれさんが母と妻の顔をちゃんと使い分けて、おしゃれやスタイルに気をつかう」「子供をあずけて、二人で泊まりにいく」なんてことでしょう。すみません。当り前のアドバイスですね。

もうひとつ提案できるのは、「ショート・セックス」です。かつての情熱的な濃厚なセックスではなく、簡単に短い時間でするセックスでいいと夫に提案するのです。

そんなセックスは嫌ですか？　でも、セックスレスよりはましだと思います。短くて、手軽なセックスから始めることで、少しずつ濃厚なセックスになるかもしれません。

大切なことは、いろんな提案をする時、絶対に、思い詰《つ》めた顔やつらい顔にならないことです。男も女も、共に「うしろめたさ」を感じていると書きました。

「これでセックスレスが解消されないと私は女として愛されてないんだ」と思っていては、どんな提案も、夫はそれを敏感に感じて、ただの重荷《おもに》になってしまうのです。

「キスやハグ、スキンシップでもそれなりに満足」ぐらいの気持ちで、提案して下さい。

うまくいくかもしれません。うまくいかないかもしれません。でも、それは、夫がすみれさんを精神的に愛してないということでは絶対にないんだ、ということだけは忘れないで下さいね。

夫はすみれさんのことを女性として見ています。ただ、身体的にうまくいかないだけなんです。

どうか、気軽な気持ちで提案してみて下さい。

相談29

母に同性愛者としての自分をカミングアウトしましたが、認めてもらえず落胆《らくたん》しています

39歳・女性　オードリー

鴻上さん、はじめまして。私は都内在住の39歳女性です。私は同性愛者で、現在7年お付き合いをしている同性パートナーと一緒《いっしょ》に暮らしています。私が家族に同性愛者だとカミングアウトしたのは10年ほど前です。

私に万が一の事があった時には、私には同性のパートナーがいて、そのパートナーにも連絡や説明をしてもらいたかったからです。

父からは「知っていたよ」という返答がありましたが、母は私が同性愛者だという事を受け入れられず、そこから連絡しても返事は来ず、顔も合わせてくれなくなりました。父に母の様子を伺《うかが》うと「時間がかかると思う」とのことでした。

びました。男の身体で生まれて、自分自身を女性だと認識している人です。故郷でいじめられ、親にも受け入れられず、独《ひと》り、都会に出てきて、ホテルのラウンジでピアノを弾《ひ》いているという設定でした。

その役を、本当にトランスジェンダーの中村中《なかむらあたる》さんに演じてもらいました。もともと、NHKの『紅白歌合戦』にも出場した経験のあるシンガーソングライター、中村中さんと出会ったことが、『ベター・ハーフ』という作品を書いた動機の重要なひとつでした。

芝居《しばい》には、僕の知り合いのトランスジェンダーの女性も見に来ました。見終わった後、泣きながら僕に微笑《ほほえ》みました。芝居は、幸《さいわ》いにも好評で、2年後に再演が決まりました。

再演の時、その知り合いの女性は、御両親を連れて見に来ました。開演前にロビーで僕に御両親を紹介しながら、「この芝居を見てもらったら、話が早いと思ったの。いろんなことを分かってもらえると思って」と少し恥《は》ずかしそうに彼女は言いました。御両親は、彼女の横でぎこちなく黙っていました。

終演後、ロビーで会った彼女の御両親は、少し微笑みながら、僕に「ありがとうございました」と仰《おっしゃ》いました。御両親とも、目には泣いた跡《あと》がありました。

『ベター・ハーフ』は、若い男女と中年男性、そして、トランスジェンダーの女性が登場し、お互いを好きになったり、憎《にく》んだり、愛したり、戦ったり、絶望したりする話です。

4人の登場人物は、「あなたを理解したい」と熱望します。どんなにぶつかっても、絶望しても、裏切られても「あなたを理解したい」という願いを持ち続けます。

理解できなくても、理解したいと思うのです。いえ、理解できないからこそ、理解したいと願うのです。

僕は、涙の跡が残る彼女の御両親を見ながら、内心、「子供に誘われて見に来た御両親は偉《えら》いなあ。素敵《すてき》だなあ。なんとか子供を理解したいと思っているんだなあ。戸惑《とまど》いながら、ここまで来たんだなあ」と思っていました。

オードリーさん。『もっとほがらか人生相談』の相談22「日本の校則がこんなに厳しいのはどうしてですか？」(この文庫版では相談24)で、僕は、世界は個人の自由や尊厳《そんげん》を認める方向に、より多様性を肯定《こうてい》する方向に間違いなく進んでいると書きました。

でもだからこそ、世界のあちこちでは、その変化に対して強く反発し、自分の今までの価値観をより頑固《がんこ》に守ろうとする人達が存在します。

自分が少数派になることを認められなくて、自分の価値観が崩れていくことに耐えられない人達です。

よく「大人になれ」と言われます。「大人になる」というのは、僕の考えだと、「他者となんとかやっていける人になること」です。

他者とは、「受け入れたいけど、受け入れられない」、同時に「受け入れなきゃいけないんだけど、受け入れたくない」という矛盾《むじゅん》した相手のことです。

息子だと思っていた子供が、ある日、自分は娘なんだとカミングアウトした時、僕の知り合いの御両親はこの状態になったかもしれません(勝手な想像ですが)。

「子供を理解したいけど、理解できない」、同時に「子供を理解しなきゃいけないんだけど、理解したくない」という揺《ゆ》れ動く心の状態です。

この状態は、どちらかに着地することは、なかなかありません。もちろん、「よし、受け入れよう。理解しよう」と、すっぱりと思えれば素敵ですが、人間の感情や思考は、そう簡単ではないでしょう。

頭で理解しても、心の片隅《かたすみ》に「でも、孫の顔は見たかった」という小さな願いがくすぶっていたりしますからね。

でも、理解したいのにできない相手と、なんとかやっていけるとしたら、それは、「大人になった」ということだと僕は思っています。成熟した人間になるということは、別な言葉で言えば「成熟した」ということです。それは、理解しがたい相手と、とりあえず、なんとかやっていける能力を身につけた、ということです。

自分を殺して相手を丸ごと受け入れたり、完全に拒否したりしないで、中途《ちゅうと》半端《はんぱ》な関係のままで、相手とつながることができる能力のことです。

そもそも、外交とかビジネスなんてのは、この「大人としての交渉力」が求められるのです。

「子供」はその反対の状態です。理解できないことは理解しようとしない。理解したくないことは理解しない。ただ自分の意見を押しつける。対立したらそれまで。

オードリーさん。僕が何を言いたいか分かりますよね。残念ながら、あなたの母親は、歳《とし》を重ねても子供のままだということです。

母親が大人なら、心の片隅に「孫が欲しい」と思いながらも、一緒に買い物や旅行に行けるのです。淋《さび》しさと同時に、親孝行してもらえる喜びを感じることができるのです。でも、子供は、とにかく、0か100かしかないのです。

オードリーさんは、母親に比べて、ずっと大人です。100%、自分を受け入れてもらうことはあきらめている。もちろん、そうなったらとても幸せ。でも、そうはならないから、自分の願いは、「私は母と仲良くしたいだけなのです」と考える。とても素敵な大人の態度です。

でも、母親は違います。

カミングアウトから10年経っても、「いくつになっても適齢期だからね！」というLINEを送ってくるのは、悲しいことですが、とにかく現実から眼《め》をそらそうという宗教的信念さえ感じます。

たいていの相談の場合、僕は「とことん話し合うこと」を提案します。けれど、10年経っても、「適齢期」という言葉を使う母親とは、会話は成立しないんじゃないか、傷が深くなるだけなんじゃないかと心配してしまうのです。

子供がＬＧＢＴＱ＋だとカミングアウトしたり、分かった時、親の成熟度が試されます。

大人な親は、子供が大切だからこそ、ＬＧＢＴＱ＋関係の本を読みまくったり、当事者に会ってみたり、映画・演劇などを見たりして、なんとか理解しようとします。

孫の問題や世間体《せけんてい》や親戚の言葉や、いろんな悩みや不安にさらされながらも、自分の子供を懸命に理解しようとします。

大人になれない未熟な親は、ただ自分の意見を押しつけ、子供が間違っていると主張し、「正常」と思われる道に進むことが子供のためなんだと主張し続けます。

10年間、オードリーさんの母親は何をしていたのだろうかと、僕は思います。

オードリーさん。残酷《ざんこく》な言い方ですが、母親が変わることは、かなり難しいのじゃないかと思います。

母親は優しくて、とても良い人だけど、子供なんだ、と腹をくくって、あきらめるしかないかもしれません。

オードリーさん。でも、父親は違いますよね。それが、希望だと僕は思います。

オードリーさんと同じ悩みを抱《かか》えていて、両親から拒否されている人は、日本ではまだ少なくないでしょう。

でも、オードリーさんの父親は、オードリーさんをなんとか理解してくれようとしているのです。

それはとても素敵なことです。

ひとつ、母親が変わる可能性があるとしたら、父親が母親に「ＬＧＢＴＱ＋をテーマにした映画や小説、演劇」を勧《すす》めてみる、という方法です。オードリーさんのアイデアだとは言わないで、ですよ。

僕の知り合いが御両親を『ベター・ハーフ』に連れてきたように。

いきなりレズビアンをテーマにした映画は反発が強いかもしれません。『ブロークバック・マウンテン』『トーチソング・トリロジー』などのゲイであることの差別や無理解をテーマにした名作映画や、『ボーイズ・ドント・クライ』『ミルク』などの実話を元にした映画を見れば、少しは母親は現実を理解しようと思うかもしれません。何が本当に子供のためなのか、考え始めるかもしれません。

でも、これも、母親が「娘を理解したい」と思っていなければ、効果はないと思います。嫌々《いやいや》見ても、反発を強めるだけでしょう。

オードリーさん。僕のアドバイスは、ですから、「あまり期待せず、父親と話してみる」ということです。父親に頼りすぎると、父親を追い詰《つ》め、苦しめることになってしまいます。

まず、父親と、「母は私のことをどれぐらい理解しようとしているのか？」を話し合ってみるのはどうでしょうか。

それから、母親と大人の関係を築くことをあきらめるか、なにかできることをやってみるのかを決めればいいと思います。

苦しい結論になるかもしれません。

でも、オードリーさんは、悩み、考える過程で、母親よりも先に大人になったのです。それは、間違いなく素敵なことだと僕は思います。

オードリーさんから、掲載直後の感想文

涙が止まりませんでした。

鴻上さんをこう言ってしまうのは失礼かもしれませんが、〝第三者〟からの目線や考え方というものを今回初めて聞いてみて、そうか……と納得や理解するところがたくさんありました。

母も歳《とし》を取り、娘である私をいくぶんか頼りにせざるを得ないことがこれから増えてくることと思います。

現状、少しずつですが母と会話をする機会が増えてきました。私がレズビアンである、ということには相変わらず触れてはきませんが、母が私に自らコンタクトを取ってきてくれていること、そこから少しずつ、母との関係をまた新たに築いていき、母との時間を大切に過ごしていけたらいいなと思います。

鴻上さんにこの度《たび》相談に乗っていただけたこと、本当に光栄に思います
し、言葉一つ一つにとても暖かさを感じました。

お伝えいただければ幸いですが、鴻上さんも内山様もお忙しいことと思い
ます。ただ、このコーナーがあることによって私のように救われた人がいる
こと、それだけでもお伝えできればいいなと思います。

オードリーさんから、5年後の後日談

後日談の後日談……にはなりますが、あれから数年経ち、母とはなんとな
くではありますが、うまくやっております。

ちょうどご相談させていただいた時期から、父と母は山登りという新しい
趣味を始め、2人で楽しそうに出かけています。登頂した際の写真などもち
ょこちょこLINEで送ってくれて、2人ともとても若々しく、楽しそう
で、幸せな笑顔の写真ばかりなのです。それを見る度に、「あぁ2人で仲良
く老後を過ごしてくれているんだな」と本当に嬉しくなります。

私もそろそろ子供を産むには難しい年齢になりましたし、母は母なりにきっと〝孫〟に対して諦めがついたんだと思います。そして父と2人で楽しい老後を過ごすことに、気持ちを向けられたんだと思います。

あの時、鴻上さんが「母親は子供なんだよ」と言ってくださり、自分の中で何かがストンと落ちたのを今でも覚えています。新しいおもちゃ(山登り)を見付けた彼女は、今とても楽しそうで幸せそうです。

言葉にして私を認めてもらったわけではありませんが、そういった母の行動に、今ではありがとうと思っています。

そしてなにより、これまでずっと静かに温かく見守り続けてくれた父に、心から感謝しています。長年にわたり母と私の間に挟まり、気苦労も多かった事でしょう。

これからは父も母も穏やかな日々が過ごせる事を、心から願っています。

相談30

息子は愛せるのに、娘のことをどうしても愛せず、憎《にく》しみすら感じます

39歳・女性 母親失格

どうしても、娘を愛せません。15歳になる娘を、生まれた時から、愛せなくて苦しいです。何故《なぜ》だかわかりません。下の息子は産んだ瞬間から愛《いと》おしさが溢《あふ》れて、今もかわいくてたまらないのに、娘に対しては憎しみすら感じるほどです。産んだのだから義務は果たそうと、毎朝お弁当を作り、仕事から帰ってすぐに夕飯作りをし、洗濯ものをたたみます。けれど、娘の帰りが遅くなろうと、他の母親達のように迎えに行ってやろうというような気持ちにはなれません。彼女の全てに興味を持てません。娘に出来るだけ関わりたくなくて、中学から大学まで附属の私立に入れました。教育費を払うのは親の義務だと思うので払っています。

でも、この子さえいなければこのお金をもっと楽しい事に使えるのにと思うと苛立《いらだ》ちます。息子にはそのような感情は今のところありません。学校の事もそこそこきちんとやり、意欲をもって部活に取り組み、言えば手伝いもする娘です。けれど、だらしないです。でもこのくらいのだらしなさは許容範囲だと思うのに、何故か許せません。子供の頃から愛せなくて、でも周りにいい母親だと思われたくて一生懸命、演技していました。いつも周りの目を気にしていました。

　息子の子育ては娘と違い、人の目が気になりません。自分でも何故なのかわかりません。彼女の嫌《いや》な所は全て私に似ていると思います。自己中心的な所、無駄《むだ》にプライドが高い所、周りを気にしながら騒ぐ所、見栄《みえ》っ張りな所。その全てに嫌悪《けんお》感を感じます。だからと言って自分が嫌いだとか、そういうわけではありません。ただただ、娘が嫌いです。娘を愛せたら、この子の子育てをもっと楽しめたら、もっと楽《らく》になるのに。人生が豊かになるのに。それをわかっているのに、どうしても彼女を受け入れる事が出来ません。

　彼女も最近では私を憎みだしているように思います。ますます嫌になります。今は、早く大学を出て就職して家を出ていってもらいたい、それしかありません。息子に対する愛情の1割でも良い、娘に対して愛情を持ちたいです。罪悪感はあります。でも、もう遅いだろうなとも思います。毎日、毎日、彼女の顔を見るたびに早く出ていけと思ってしまうこの心をどうにかしたいです。人の話を聞くのが大嫌いでカウンセリング等も行きたくありません。大好きだった夫への愛情も冷《さ》めてくるほど娘への憎しみが私の心を支配してきているように感じます。

そうですか。母親失格さん。いや、すごい名前をつけましたね。これでは、呼びかけるたびに、レッテルを貼《は》っているようですね。それは嫌なので、「あなた」と呼びますね。

あなたは娘さんを愛せないんですね。そして、その理由が分からないんですね。

じつは、『ほがらか人生相談』では、母親からの「娘を愛せない」という相談はわりとあります。珍《めずら》しくないのです。

「息子を愛せない」という母親からの相談はまだ来ていません。相談は、今のところ、すべて、「娘を愛せない」というものです。

さて、あなたの相談で気になったのは、以下の部分です。

「彼女の嫌な所は全て私に似ていると思います。自己中心的な所、無駄にプライドが高い所、周りを気にしながら騒ぐ所、見栄っ張りな所」

じつに冷静な分析だと思います。娘さんと同時に自分をしっかりと見つめています。

これらの特徴はネガティブなことなので、あなたが娘さんの性格に「その全てに嫌悪感を感じます」と書くのは当然だと思います。

でも、同じ特徴を持つ自分に対しては、あなたはこう書きます。「だからと言って自分が嫌いだとか、そういうわけではありません」

僕からすると、じつに不思議な流れです。自分と娘さんは同じ「嫌な」性格なのに、娘さんにだけ「嫌悪感を感じ」、同じ「嫌な」性格の自分は嫌いにならないと言うのです。

自分の性格を自分で「嫌な所」と書きながら、どうして、娘さんには「全てに嫌悪感」を感じ、自分は「嫌な」性格なのに平気なのでしょう。

考えられる理由としては、娘さんのことはもともと大嫌いだから「嫌な」性格に嫌悪感を持ち、自分のことは大好きだから、「嫌な」性格も気にならない、ということでしょうか。

でも、相談ネームを「母親失格」とするぐらい、あなたは自分で自分を責《せ》めていると僕は感じます。「嫌な性格をまったく気にしない、私は自分が大好きだ」とは思っていないと考えられるのです。

なのに、本当に「自分が嫌いだとか、そういうわけでは」ないと感じているのだとしたら、僕が考える理由はひとつです。

自分を嫌いになる代わりに、娘さんを嫌いになることで、「自分が嫌いという感情」を処理しているのではないかということです。

自分を嫌いになりたくないから、他人を責めて感情のバランスを取るという心理です。自分が不安な時、自分より弱い立場の人を責めて安心したり、誰かのミスを激しく責めたててネガティブな感情を発散させる心の動きです。

娘さんが生まれる前、あなたはあなたのことが好きでしたか？　それとも嫌いでしたか？　そんな意識はなかったですか？

息子さんに対して問題ないのは、異性なので、自分と同一視《どういつし》できないからじゃないかと僕は考えます。娘さんは、同性なので、自分を見るように感じてしまう。そして、あなたが自分を嫌いだからこそ、自分の分身である娘さんを嫌いになるんじゃないかと思うのです。

と、いうようなことをカウンセリングのように書いていますが、もちろん、当っているかどうかなんて分かりません。

じつは、もうひとつ、気になっていることがあります。そんなに長くない相談の文章の中に、あなたは三回も「何故だかわかりません」「何故か許せません」「自分でも何故なのかわかりません」と書いています。

自分で自分が分からないと繰《く》り返し主張しているのです。

自分で自分が分からなければ、他人の手を借りるしかありません。けれど、あなたは、「人の話を聞くのが大嫌いでカウンセリング等も行きたくありません」と、わざわざ書くのです。

僕には、「この箱の中には何が入ってるか、全然分からないんだ！　全く分からないんだ！　ちっとも分からないんだ！　でも、絶対にこの箱は開けるなよ！　絶対に開けないからな！」と叫《さけ》んでいる人のように見えます。中を知りたいという気持ちと、絶対に知りたくないという気持ちが、激しくぶつかっているように感じるのです。

でね、じつは、事態は、一刻も早く誰かに相談する時期に来ていると僕は思っています。

このままだと、事態はどんどん深刻になっていく可能性が高いです。

「彼女も最近では私を憎みだしているように思います」と書いていますが、事態がこじれると、とてもやっかいなことになります。娘さんとの関係が暴力的に壊れる可能性もあるし、それが息子さんや夫との関係さえも壊してしまう可能性もあります。脅《おど》しではないですよ。娘さんが肉体的に爆発したり、自分を傷つけたり、娘さんに対する態度を見て息子があなたに対して絶望したりと、可能性はたくさんあります。

15歳でも、全然、遅すぎることはありません。逆に、娘さんは15歳ですから、ちゃんと話せる年齢になりつつあります。3歳の娘に感じる憎悪《ぞうお》とは違うのです。

　繰り返しますが、「娘を愛せない」という悩みは、珍しいものではありません。クリニックのカウンセリングや地域の子育て支援センターや児童相談所などに勇気を持って相談して下さい。

　だって、一番、苦しいのはあなたじゃないですか。それは自分でも分かっているでしょう。でも自分だけでは解決できないのです。

「子供を愛さなければいけない」という強い義務感は、「私は私を愛さなければいけない」という強迫《きょうはく》観念とつながっていると僕は思っています。

　そして、自分を愛せない人、親に愛されなかった人が特に「子供を愛さないといけない」という義務感に苦しめられると思っているのです。いえ、ひょっとしたら、他の理由かもしれません。それを確かめるのです。

　まだ、間に合います。なにより、「人の話を聞くのが大嫌い」と書いているあなたが僕に相談したのです。

　どうか、勇気を持って、相談に出かけて下さい。それが、あなたが少しでも楽になる唯一《ゆいいつ》の方法だと僕は思います。

あとがき

『ほがらか人生相談』の連載を始めてしばらくした時でした。ある芝居《しばい》を見に行った時に、突然、ロビーで後ろから「鴻上さん。あの回答、ありがとうございます」と中年の女性に話しかけられました。

この文庫本の「相談1」帰国子女の小学生に関する回答でした。

また、好きなバンドのライブに行った時、後ろに座っている若い男性から、「あの回答を読んで、感動しました。僕も帰国子女です」と話しかけられました。その男性は、話しながら泣いていました。「僕も、帰国して、いじめられました。早く、あの回答を読んでいたらよかったと思いました」

Twitter（現X）では、帰国子女に関する回答を引用して、こんなつぶやきがありました。

「『顔がイケてない』だけで、30年も鴻上尚史のことを疎《うと》んじてきていた。遊《ゆう》眠社《みんしゃ》が好き過ぎて第三舞台《だいさんぶたい》を軽んじていたし。最近の様々な発言を見聞きして、感心することが多かったけど、これは最高。親ではないが涙が出た。本当に今まで申し訳なかったです、あなたはスゴイ」

なんだか、誉《ほ》められてるのか、地味にディスられているのか分からない書き込みでした。この文章を見つけた、当時高校生の娘が、スクショして「父のことを書いておる」と教えてくれました。

ちなみに、若い読者向けに説明すると、「遊眠社」も「第三舞台」も、劇団の名前で、「第三舞台」は僕が作・演出を担当していました。二つの劇団は、ライバルと言われていて、この文章を書いた人は、野田秀樹《のだひでき》氏主宰《しゅさい》の『夢の遊眠社』のファンだったということです。

僕自身は、『ほがらか人生相談』の反響がこんなにあるとは、夢にも思いませんでした。自分としては、当り前のことを当り前に回答しているだけだと思っていました。

ですから、ネットでの閲覧数が「5000万pv突破」なんて言われても、ピンとはきませんでした。

それは、『ほがらか人生相談』の単行本で書きましたが、僕自身が約40年間演劇の演出家をしていて、悩んでいる俳優、困っているスタッフ、落ち込んでいる関係者に対して、アドバイスをすることが当り前だったからです。

22歳で劇団を作ってから、呼吸をするようにアドバイスをしてきました。ただし、「相談12」で書いたように、決して自分からは言いませんでした。「相談があるんですが」と言われた時だけ、話を聞きました。自分から、「何か相談ある？」なんて聞くのは、相手の傷口に塩をすり込むことですし、そもそも、大変だから避けたいのです。

僕も人間ですので、芝居の稽古《けいこ》の後、「鴻上さん、ちょっと飲みにいきませんか？」とか「あの、話があるんですが」なんて言われると、「来た」と身構《みがま》えます。「ちょっと飲みに」行って、「ちょっと」で終わったことなんかほとんどありません。最初は軽い世間話でも、やがて、ディープな世界に入っていきます。ですから、最初は身構えますが、それが仕事だと思って穏やかに微笑《ほほえ》みながら「はい、いいですよ」「なんですか？」と聞き始めます。

「はじめに」で書いたように、代表的な質問をベスト版では集めました。「相談1」の帰国子女の問題は、今でも日本のあちこちで起こっていることでしょう。「相談4」の鬱《うつ》になった妹の相談も、珍しくないと思います。

先日、『どうすればよかったか?』という映画を見ました。統合失調症と思われる症状になった姉を20年間にわたって記録したドキュメントです。両親は、「姉は病気ではない」「何の問題もない」と言い続けて、弟である映画監督の「病院に連れていくべきだ」という提案を拒否し続けます。

そして、姉の症状は悪化していくのです。

詳しい内容は、ネタバレになるので書けませんが、このドキュメントが凄《すご》いのは、両親が老いていく過程も冷酷《れいこく》に映していることです。やがて、姉が「病気である」ことを認めるしかなくなってきます。否定する気力も体力もなくなるのです。

もし、同じような家庭の問題を持つ人がいたら、ぜひ、見てもらいたいと思います。

その後の「後日談《ごじつだん》」も、とても興味深いものがたくさんありました。「相談

2」の専業主婦の妻が突然働きたいと言い出して戸惑《とまど》うきーやんさんの文章に「あんまり変わってない！」と怒る女性も多いでしょう。

「私も歩み寄って、今はごみ捨てと風呂洗いをしています」という文章に、「それだけかい！」と思わず突っ込んだ人もいるでしょう。

でも、「人生相談」は、道徳の文章ではありません。人生のリアルを描いた短編小説に匹敵すると書ききました。きーやんさんの相談を読んで、そして、この「後日談」を読んで、「きーやん、よくやった」と思うか、「きーやん、がんばれ」と思うか、「きーやん、もっと成長して」と思うか、それは人それぞれだし、正解はないと思っています。

すべては、きーやんではなく、自分がどう生きるかということです。

「相談29」の同性愛者としてのカミングアウトをしたオードリーさんの「後日談」で「あの時、鴻上さんが『母親は子供なんだよ』と言ってくださり、自分の中で何かがストンと落ちたのを今でも覚えています」という文章を読むと、「ああ、この連載を始めてよかった」と思います。

でも、「後日談」の連絡がなくても僕は気にしません。

『ほがらか人生相談』に関するインタビューで「相談者の反応はどうですか？」とよく聞かれますが、そのたびに僕は、「反応はなくてもいいんです。だって、僕のアドバイスを受け止めるか、受け止めないか。実行するかやらないかは、本人の選択ですから」と答えています。

ですから、「反応」や「後日談」がなくてもいいのです。

だって、「こういうアドバイスをした。だから、絶対に実行して欲しい」なんて思うことが間違っているのです。それは、高校時代の友人A子さんから絶交されたという「相談12」の回答に書いたことです。

もちろん、直後の「反応」もないし、「後日談」の返事もない場合は、気にはなります。どうしているかなあ、僕の相談を実行しなくてもいいから、幸せかなあ、問題は少しは解決しているかなあと考えます。

僕は、「相談14」の寂《さび》しくてお風呂で涙を流している66歳の男性がずっと気がかりです。はっきり言えば、心配しています。孤独ではない関係性が生まれていることを祈っているのです。

「相談19」の、人生で一度でいいから男性と愛し愛されてみたいと願うサバ缶さんのこともずっと気にしています。どうか、幸せになって欲しいと願っています。

他の人達も、「後日談」が分からない場合は、ずっと気にしています。ここで全員をあげると紙幅がなくなりますからやめますが、どうか、幸福であれと思います。

本のサイン会や僕が作・演出をしている公演の劇場ロビーで、「鴻上さん、私はあの相談をした者です」と話しかけられたことはあります。その時は、思わず、顔色を見ます。元気そうなのか、落ち込んでいるのか、辛《つら》そうなのか。エネルギーを感じる時は、ホッとします。

さて、『ほがらか人生相談』は、朝日新聞出版の担当編集者、内山美加子氏の強力なプッシュで始まったものです。

「鴻上さん、なんか連載して下さい！　読者が元気になるような、息苦しい世間を生き延びられるような連載をお願いします！」という熱意がなければ、始めなかったものです。

また、ベスト版を選出し、何人かの相談者に「その後、いかがですか？」というメールを出し、掲載の許可を取ったのも内山さんです。

内山さんがいなければ、「人生相談の鴻上」というブランド（？）は生まれませんでした。（だって、自分で向いてるとか合ってるとか、一切思いませんでしたからね。当り前のことをしていると思ってましたから）

なので、ベスト版の最後に内山美加子氏に深く感謝します。

内山さん、ありがとう。

あ、もし、ベスト版を読んで、「もっと読みたい！」と思ったら、単行本が6冊、やがて7冊でます。そっちに、あなたの人生にもっと刺《さ》さるものがあるかもしれません。

あら、露骨な宣伝になってしまいました。

そんなわけで、読んでもらってありがとうございました。何かのアドバイスがあなたの人生にプラスになるのなら、僕は幸せです。んじゃ。

鴻上尚史

解説　相手の力を生かす

上西充子

鴻上尚史のアドバイスは、なぜ温かく感じられるのだろう。それは、相談者が持つ力に目を留め、相談者がその力を発揮できるよう促《うなが》し、さらに、相談者がみずからの力で動き出すことには意味があるとしっかり肯定しているからではないだろうか。

相談者は相談を送った時点で、既《すで》に動き出している。問題をひとりで抱えることをやめ、開いてみせている。鴻上はそこにまず、相談者の力を見る。隠居後、孤独で寂《さび》しくてたまらないという66歳の男性には、まず「よく、相談してくれました」と語りかける（相談14）。娘をどうしても愛せない、カウンセリングには行きたくない、という39歳の女性には、自分だけでは解決できないため一刻も早く誰かに相談する時期に来ていると伝え、『人の話を聞くのが大嫌い』と書いているあなたが僕に相談したのです」と、その行動力を認める（相談30）。

文章による相談に文章で応じる一往復だけのやりとりは、繰り返される対話とは違い、限界がある。限界がある中で鴻上は、相談者が持つ力を重視し、相談者がみずから考えて行動することを促す。

一見すると妥協《だきょう》的なアドバイスにも、本人の持つ力への配慮がうかがえる。アメリカでおしゃれを楽しんできた小学校5年の娘が日本の学校に通うようになり、「服を買い替えたい」と悲壮感いっぱいの顔で訴えてきたがどうすればよいか、という38歳の母親の相談を見てみよう（相談1）。写真家の夫は「人《ひと》目《め》なんて気にせずにおまえらしく好きな服を着ていけばいい。同調してつまらない人間になるな」と言うが、相談者は母として、娘がクラスでいじめにでもあったらと心配になっている。

鴻上の提案は、同調圧力の少ない学校に転校するか、それが無理なら、学校には地味な服で登校して、放課後におしゃれな服を選ぶこと、あるいは、学校用の地味な服にワンポイントのおしゃれをすることだ。現実的だが、日本の学校における同調圧力にかなり屈した提案のように見える。けれども見落としてはならないのは、鴻上が母親にまずこうアドバイスしていることだ——同調圧力が強い「この国のかたち」を娘さんにわかる言葉で伝え、いま、あなたはそれに向き合っているのだと理解できるようにし、そのうえで娘さんと一緒に考えよう、と。

「服を買い替えたい」という娘の願いにただ応じて買ってやるならば、同調圧力に屈することになる。同調するなとの夫の意見に娘を従わせることも、彼女の意思をないがしろにすることになる。そのどちらでもなく、日本の現状への理解を促したうえで、一緒に考えること。そこには、娘さんの意思を尊重しようという姿勢がある。そのうえで娘さんが学校には地味な服で通って放課後におしゃれをするなら、それは彼女が自分で選択した行動になる。おしゃれを楽しむ気持ちも否定されない。そうやって現実と折り合いをつけながら、いずれは写真家のお父さんのように自分の意見を持ってちゃんと戦える時期も来るだろうと母親に伝えるのだ。

問題に対処する主体が大人であれば、相手に自分の気持ちを伝える、あるいは相手とよく話し合うというアドバイスも多くみられる。高校生のときにアニメグッズを母親に勝手に捨てられた怒りが53歳の今もおさまらないという男性には、両親と徹底的に話し合うことを求める（相談17）。ただし、両親を責めることが目標なのではなく、自分の気持ちを吐き出して、新しい関係を作ることが目標なのだということは忘れないように、と伝える。この男性はその後、実際に意を決して両親に思いを伝えたそうだ。母親が自分の悔しさを本当に理解したとは思えないものの、「とにかく行動にうつすことができた事実が自分の心にとって良かった」と語っている。

相談者が自分の力で問題に立ち向かう際に、手助けになりそうなものがあればそこに目を向けることも鴻上は促している。自分が同性愛者であることをカミングアウトしたが母に受け入れてもらえないという39歳の女性に対しては、10年たっても娘を理解しようとしない母が変わることは、かなり難しいだろうとの見通しを伝えたうえで、父親は娘を理解しようとしており、そこに希望があると伝える（相談29）。

このように鴻上は、こうすればいいと解決策を提示することよりも、相談者がみずからの困りごとに自分で対処できるよう手助けすることに心を配っている。

難しいのは、相談者に立ち止まってほしい場合だ。高校時代からの友人のA子に絶交されたという28歳の女性の相談を見てみよう（相談12）。「もう二度と私に関わらないで」とラインで伝えられたが納得できず、電話をかけたりラインで理由を何度も聞いたりした相談者に、A子さんは改めてメールで「独りよがりのアドバイスで親友のふりをされても迷惑だから、二度と連絡してくるな」と伝えた。しかし相談者は、「なにがいけなかったのか、わかりません。どうしたらA子に私の真意を理解してもらえるでしょうか」と鴻上に問う。

あなただったら、この相談者にどう答えるだろう。「彼女の気持ちを考えてみたことはありますか。もうA子さんに関わるのはおやめなさい」と言いたくならないだろうか。しかし、そう言ってみたところで、相談者は自分が否定されたと感じるだけだろう。では鴻上はどうしたか。

鴻上は相談者に、「混乱していますね」と語りかけ、あなたは「とても優しい人だ」と評価しつつ、「よかれと思ってアドバイスすることは簡単なことではない」と伝える。その含意《がんい》が相談者に届くように、その先で鴻上はどのように文章を展開していったか、改めて鴻上の回答を読み直してみてほしい。

鴻上はまず、相談はいつもA子さんから来たか、それとも自分から話しかけたか、どちらのほうが多かったか、と尋ねる。事実を問う質問だから、相談者は責められていると感じることなく過去を振り返ることができる。そのうえで、悩みごとについて、自分から事情を説明しようと思うことと、周りから説明を促されて話すことは、大きく違う、と鴻上は伝え、自分が心がけていることを語る。

相談をもちかけられた時だけ、相談に乗ること。相手が話したくないようなら、深追いしないこと。アドバイスをしてもそれを実行するかどうかは、本人の問題だと考えていること——そうすべきだ、と語るのではなく、自分はそうしている、と語ることによって、相談者は耳を傾けやすくなる。

「子どもを愛さない親なんているわけない、A子の思い込みだ」という、A子さんが傷ついたと記していた言葉に対しても、「残念ながら、子どもを愛さない親はたくさんいます」と、事実をただ提示する。大事なのは、相談者がみずからの言動を顧《かえり》みることにつながるかどうか、なのだから。

鴻上はさらに、39歳でイギリス留学中に英語がわからず孤立しがちであったときにクラスメイトのイギリス人男性が話しかけてくれた体験を語り始める。話しかけられるのは嬉しかったが、人間として見下されているとも感じた――その体験を示すことによって、相談者が自分の視点ではなく、A子さんの視点でこれまでの二人の関係をとらえなおすことを控えめに促す。

鴻上は相談者を批判しない。A子さんが社会人となり、対等に話してくれる人と出会ったために、相談者とは話したくないと感じたのだろうと伝える。そのうえで、今後は相談をもちかけられない限り自分から「根掘り葉掘り」聞くことはやめ、アドバイスをしてもそれを採用するかしないかは、相手が決めることだと思った方がいいと伝える。そして、A子さんとの関係は残念ながら復活することは難しいと思うと見解を伝え、あなたが対等な人間関係に自覚的になれば、素敵な友人とたくさん出会うだろうとポジティブな展望を示す。

かなり慎重な伝え方だ。それでも相談者の後日談を読むと、鴻上の回答は気持ち的に受け入れられなかった様子がうかがえる。とはいえ、その後は相談をもちかけられない限り、自分から誰かにアドバイスをするのはやめるようになったそうで、新たにできたママ友とは仲良くできているという。

この相談者に対する鴻上のアドバイスは、相手の心に届く言葉の差し出し方として学ぶところが多かった。そこで私は、大学のキャリアセンター相談員や企業の人事担当者などの立場でキャリア支援に携《たずさ》わっている社会人の方々が参加する大学院の授業で、この相談と回答を読んでもらったことがある。相談対応とはどのような行為なのか、他者を支援するとは何を行うことなのか、このやりとりを手がかりに、一緒に考えた。

この本はどのような人に読まれるだろうか。自分の悩みに近い相談を拾い読みする人もいるだろう。「こんな人生を生きている人もいるんだな」という形で読まれることもあるだろう。加えて、「自分だったらこの相談にどう応えるだろうか」と考えながら読んでみると、鴻上の人生相談がなぜ長く続いているのかがわかり、人と関わる上でのヒントが多く見つかるのではないだろうか。

（うえにし みつこ／法政大学教授）

鴻上尚史《こうかみしょうじ》の
ほがらか人生相談《じんせいそうだん》ベスト

朝日文庫

2025年3月30日　第1刷発行

著　　者　鴻上尚史《こうかみしょうじ》

発 行 者　宇都宮健太朗
発 行 所　朝日新聞出版
〒104-8011　東京都中央区築地5-3-2
電話　03-5541-8832（編集）
　　　03-5540-7793（販売）
印刷製本　大日本印刷株式会社

Published in Japan by Asahi Shimbun Publications Inc.
定価はカバーに表示してあります

ISBN978-4-02-262110-8
落丁・乱丁の場合は弊社業務部（電話 03-5540-7800）へご連絡ください。
送料弊社負担にてお取り替えいたします。